ÉVENTAIL

par

OCTAVE

UZANNE

DESSINS

PARIS
A. QUANTIN
Imprimeur
Éditeur

l'Éventail

L'éventail d'une belle est le sceptre du monde.

SYLVAIN MARÉCHAL.

PAR

OCTAVE UZANNE

A. QUANTIN, IMPRIMEUR-ÉDITEUR

7. RUE SAINT-BENOIT, 7

1882

Avant-Propos

MESDAMES,
MESSIEURS,

'AUTEUR de *l'Éventail* ose se
présenter à vous dans le négligé du *home*, au sortir de
sa table de travail, avec le demi-sou-
rire satisfait que fait naître aux com-
missures des lèvres la béatitude ex-
pansive de l'œuvre accomplie. Il lui
semble maintenant, avec cette fougue
heureuse de l'imagination qui dé-
roule au cerveau des décors d'apo-
théose, que son labeur ne fut qu'un
rêve, et que, portées jusqu'à lui sur

des nuages roses, des nymphes moitié fées, moitié muses, lui ont facilité sa tâche en lui tenant douce compagnie et lui inspirant ardeur, constance et bonne fortune. Les Grâces elles-mêmes, si délaissées depuis le dernier siècle, lui eussent apporté, l'une la plume magique arrachée à l'oiseau de Cypris, l'autre l'éventail encyclopédique qui sait narrer son histoire comme les jolis bijoux de la fable, tandis qu'une troisième eût distillé dans l'encre parfumée de l'écritoire l'essence poétique des fleurs de la double colline, que l'écrivain charmé ne serait ni plus épanoui ni mieux disposé à faire trois pas vers le lecteur, la main tendue, le geste arrondi, avec cette expression d'allure qui semble dire : Seyez-vous et causons.

Causons donc, s'il vous plaît, de cette causerie intime qu'un terme plus malpropre qu'impropre appelle le *déboutonné* de la conversation, ce qui n'en implique pas le *décousu*.

L'Éventail que voici et dont le texte court ou serpente à travers les enluminures de ce livre n'est point un ouvrage de haute sapience érudite, digne de faire mettre les besicles de forte taille aux magisters et éminents savants de la chrétienté, lesquels je tiens en respect et profonde estime, mais que je ne me pardonnerais oncques d'avoir dérangé pour festin si peu abondant en mirifiques découvertes archéologi-

— 3 —

ques. — Je ne m'adresse point, j'y insiste, à
messires les positivistes du document exact, à
ces patients chercheurs du passé, à ces déter-
reurs de lettres mortes qu'un naturaliste dis-
ciple de Buffon eut l'étrange envie de classer
parmi les mammifères catalogués sous le nom
de *Fouisseurs*, dans le domaine de ces ramo-
neurs souterrains qui font pointer des monti-
cules piriformes au milieu des jardins d'agrément.

Faire œuvre de grande science, remuer de
volumineux in-folio, appeler à soi la linguis-
tique, l'orientalisme, l'archéologie dans toutes
ses branches, les pères de l'Église, les pé-
dants en *us* de l'Allemagne, et tous les bonnets
carrés des savants de Hollande, pointer des
notes, piquer des fiches, s'enterrer sous des col-
lines de pièces justificatives, de reproductions
variées, analyser la bibliographie bibliographi-
que des œuvres écrites sur l'Éventail, tout cela
au sujet de ce délicieux colifichet de la femme
que nos aïeux plus spirituels se sont contentés
de chanter ou *d'empapilloter* de petits vers aimables, c'eût été, à notre sens, commettre une lourde
sottise et attacher en quelque sorte par comparaison un poids formidable aux mignonnes
antennes d'une libellule.

Une jolie femme, dit un proverbe oriental,
est née avec une couronne de roses et de jolis

hochets dans son berceau; tout fleurit autour d'elle; tout ce qu'elle touche ou tout ce qui la pare mérite d'être divinisé, et c'est en songeant à la publication de plusieurs volumes sous ce titre collectif: *les Ornements de la femme*, que je me suis pris à écrire *l'Éventail* qui ouvre la série de ces petits livres de boudoir.

A la suite, viendront le Parasol et l'Ombrelle, les menus objets de toilette et le Manchon, ce joli fourreau ouaté, parfumé, fourré, où les mains se faufilent frileuses comme de douces colombes qui rentrent au nid. — Du Manchon, qui ne fut point toujours l'unique apanage du beau sexe et qu'on put voir, dans les promenades au Cours, passé par un ruban au cou des petits-maîtres et des abbés galants, se balançant sur le satin du gilet ou le velours de l'habit, au milieu des grandes froidures de l'hiver; du Manchon, ornement du dehors, je conduirai le lecteur à la Chaussure, à l'ensorcelante petite Mule, cette friponne qui cache son museau de soie ou de maroquin sous le flot des dentelles et que Fragonard nous fait voir dans *les Hasards de*

l'escarpolette, lan-
cée gracieusement
en l'air, s'envolant
plutôt que tombant à terre, avec un
esprit et une volupté de facture qui ne
se retrouvent plus que dans les peintures
des Cythères d'autrefois. Ne sera-t-il pas
charmant de se complaire dans l'histoire de
ces coquets Souliers de femme, qui eurent toujours leurs fanatiques admirateurs et qui inspirè-
rent à Restif de la Bretonne le roman du *Pied de
Fanchette*, qui débute comme un chant de poème
épique : *Je suis l'historien véridique des conquêtes
brillantes du pied mignon d'une belle?*

Ne me sera-t-il pas permis d'aborder ensuite le
Gant, ce souple protecteur des blancheurs rosées et
veloutées de la main, et de le décrire, depuis les
gants de cuir ouvrés, les gants de soie, les gants
parfumés d'Espagne jusqu'aux gants du damoiseau et
aux longs fourreaux de peau de daim qui emprison-
nent aujourd'hui si délicieusement les bras charnus,

plus haut que les rieuses fossettes du coude, de nos coquettes de goût? Le Bas peut-être aura son tour et s'arrêtera à la jarretière; puis les diamants jetteront leurs feux comme complément à cette monographie des *Ornements de la femme,* écrite pour la femme, à elle destinée, afin de lui former cette enviable bibliothèque de chevet où tant d'auteurs modernes rêvent de trouver leurs œuvres vêtues de maroquin céleste ou de chagrin poli.

Parmi tous ces bijoux de l'ornementation féminine, l'*Éventail* devait avoir la priorité, car, au pays de la grâce et de l'esprit, il brille encore au premier rang. C'est au sujet du jeu de l'Éventail qu'une amie de Mme de Staal-Delaunay écrivait, sous la Régence, la judicieuse et fine observation que voici : « Supposons une femme délicieusement aimable, magnifiquement parée, pétrie de grâces et de gentillesses, qui n'aime pas les bains parce qu'ils sont humides, les glaces parce qu'elles sont froides, le vinaigre parce qu'il est acide, le feu parce qu'il est chaud; une femme enfin qui ait toutes ces prérogatives, et qui conséquemment soit du meilleur ton; je dis que cette personne, malgré tant d'avantages, sera persiflée si elle ne sait pas manier l'Éventail. Il y a tant de façons de se servir de ce précieux colifichet qu'on dis-

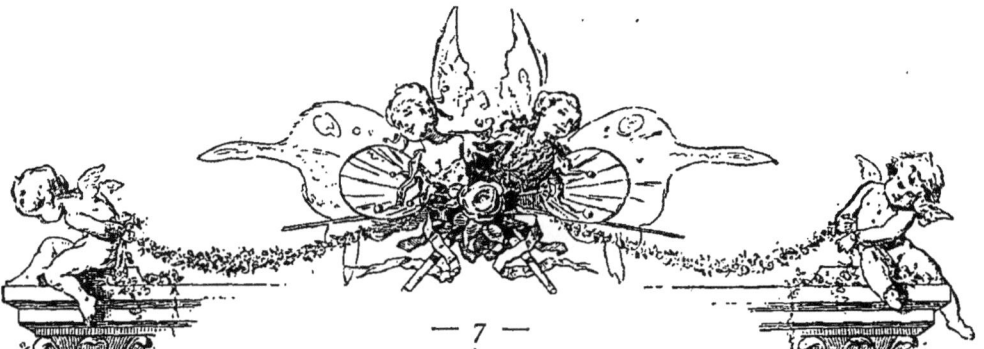

tingue par un coup d'Éventail la princesse de la comtesse, la marquise de la roturière. Et puis, quelle grâce ne donne-t-il pas à une dame qui sait s'en servir à propos ! Il serpente, il voltige, il se resserre, il se déploie, il se lève, il s'abaisse selon les circonstances. Oh ! je veux bien gager en vérité que, dans tout l'attirail de la femme galante et la mieux parée, il n'y a point d'ornement dont elle puisse tirer autant de parti que de son Éventail ! »

Il est un cliché bien usé depuis longtemps dans le journalisme courant et qui consiste à dire : *Ce serait une curieuse histoire à écrire que celle de l'Éventail.*

Ai-je en partie réalisé ce desideratum qui semblait dans l'air ? Je ne sais, car je compte déjà de patients prédécesseurs qui ont écrit des livres spéciaux et peut-être trop techniques sur l'*Éventail*. Ces ouvrages, auxquels j'ai eu parfois recours, sont à celui-ci ce qu'*autour* est à *alentour* dans la définition précise qu'indique notre langue. J'ai plutôt butiné sur l'histoire littéraire *de* l'Éventail que sur la grosse histoire *des* Éventails, recherchant, dans l'étude historique de nos mœurs, le côté des grâces et de l'esprit, les paraphrases ingénieuses faites en tous temps sur ce paravent de la pudeur, fantaisiste dans ma personnalité, passant du grave au doux,

et apportant quelques aperçus et certains documents inédits dont il m'importe peu de tirer vanité.
Je m'adresse au public dilettante qui aime souvent
mieux un paradoxe qu'un froid dilemme de logique.
C'est du monde des lettres et des lettrés que je réclame des suffrages sympathiques et des approba-
tions intimes sur la forme de ce livre, sa contex-
ture spéciale, l'originalité de ses illustrations dont
je ne crains pas de revendiquer la conception, sur le
texte qui court comme l'esprit de l'auteur à travers
tous les casse-cou des compositions diverses,
sur l'ensemble, en un mot, d'un ouvrage très spécial
duquel il me serait peut-être quelque peu pénible
d'entendre dire (l'opinion n'étant formulée ni par un
envieux ou un sot) que l'auteur, qui se retire et salue
en terminant, a fait un naufrage littéraire et qu'il ne
se sauve ici que de planche en planche, de vignette
en vignette, à l'exemple des Dorat et des Baculard
d'Arnaud, ces pâles affadis qu'on oublie d'oublier
grâce à Eisen, à Choffard et à Moreau le jeune, ces
immortels artistes de l'académie des grâces qui ne
signèrent peut-être que trop peu d'Éventails.

O. U.

ÉPITRE DÉDICATOIRE

A MADAME LOUISE***

> . . . La pomme fut décernée à Cypris.
> Offrant cet *Eventail* je dis comme Paris :
> Il est pour la plus belle.
>
> MILON.

L'ÉPITRE dédicatoire s'en va grand'erre, Madame, depuis que les auteurs amarivaudés, les gentils poètes de l'art d'aimer, les abbés coquets, les espiègles marquises qui tenaient « petit lever », et surtout les puissantes altesses sérénissimes, ont rejoint sous l'avalanche des neiges d'antan les douces et frisques souveraines d'autrefois et tous les preux chevaliers des immortelles ballades de maistre Villon. Cette pauvre épitre dédicatoire, qui fut, sinon une basse flatterie salariée, au moins la plus exquise politesse de l'écrivain d'honneur et son salut le plus courtois, cette épitre expressive qui avait tant de grâce et de si jolies manières de style a déjà rejoint les usages surannés de la veille et prend chaque jour une allure plus rococo et plus vieillotte qui la fera bientôt définitivement sombrer dans l'évolution si piteusement progressiste des positivistes de ce temps.

Souffrez cependant, Madame, qu'il me soit permis, en dépit des souris équivoques et, quoi qu'on die, de

professer aujourd'hui précieusement en votre
faveur le culte des galanteries d'un autre âge et
de vous faire ici hommage de ce mignon volume
plus littéraire que savant, historié plutôt qu'historique, dans le sens académique du mot, mais
écrit avec la sensation d'aisance et tout l'agrément que procure un thème agréable sur lequel
la fantaisie trouve encore à semer broderies et
arabesques.

Si j'avais écouté les conseils d'une imagination fantaisieuse, j'eusse voulu, afin de vous offrir
plus galamment cet ouvrage, m'équiper en cou-
reur de bonnes fortunes, à la manière des amoureux de Watteau et des tendres soupirants de
Lancret ou de Pater. C'eût été, vêtu en roué de
la régence, sous la dentelle et le velours, heureux de pirouetter sur un talon rouge et de se-
couer la poudre d'Ambrette ou de Chypre d'une
perruque blonde, que j'aurais aimé à vous sur-
prendre, dans une rêverie vague, sous quelque
bosquet plus mystérieux que les anciens berceaux
de Sylvie, afin d'accentuer mon cérémonial et
de vous réciter quelque joli madrigal de circon-
stance qui vous eût fait adorablement rougir et
agiter votre Éventail avec une grâce de merveilleuse qui se pâme.

Est-il bijou plus coquet que cet Éventail, hochet plus charmant, ornement plus expressif, dans
les mains d'une reine de l'esprit telle que vous ?

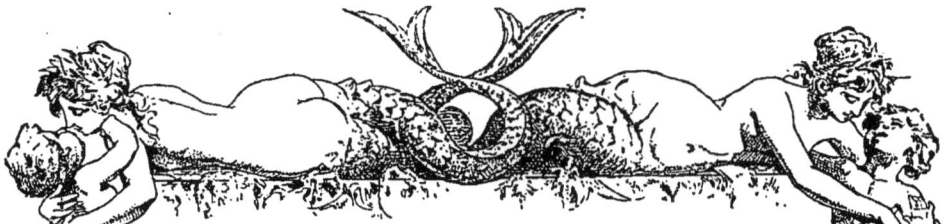

Lorsque vous maniez le vôtre dans les coquetteries des réceptions intimes, il devient tour à tour l'interprète de vos sentiments cachés, la baguette magique des surprises féeriques, l'arme défensive des entreprises amoureuses, le paravent des pudeurs soudaines, le sceptre, en un mot, de votre troublante beauté. Soit qu'il voltige doucement sur les rondeurs émues et satinées du corsage, semblable à un papillon géant butinant sur des fleurs, soit qu'il ponctue l'ironie d'une épigramme ou qu'il accentue le gazouillement rieur des minauderies friponnes, soit encore qu'il masque à demi l'insolence d'un bâillement que provoque la fadeur d'un discours, ou qu'il voile discrètement les roses incendies qu'allument au visage les brusques aveux d'amour, l'Éventail demeure auprès de vous le plus adorable ornement de la femme, celui qui met le plus spirituellement en relief ses fines manières, son élégance native, son esprit et ses grâces enchanteresses.

Que vous soyez inconstante ou médisante, capricieuse, curieuse, nerveuse ou voluptueuse, hautaine ou puritaine, câline ou chagrine, l'Éventail prendra toujours l'allure et l'expression de votre état moral : inquiète, vous le fixerez longuement ; indécise, vous le ploierez fébrilement ; jalouse, vous irez jusqu'à le marquer de vos jolies dents d'ivoire ; trahie, vous le laisserez tomber avec accablement ; colère, vous

le lacérerez et le jetterez au vent. En toute solitude, en toute désespérance, il restera votre confident, et c'est encore à lui, à votre Éventail, Madame, que je dois aujourd'hui le bonheur de vous dédier ce livre.

C'est à ce bijou léger que je dois d'avoir écrit cette esquisse littéraire ; d'autres l'ont chanté en alexandrins, invoquant les Muses inspiratrices, les Parnassides favorables et ces doctes sœurs qui font si maigrement l'aumône aux pauvres poètes marmiteux. Je n'ai appelé ici que votre souvenir, soleil d'or qui traverse les nuages gris de ma mémoire et qui a fait fuir dans le rayonnement de son sourire la pédanterie, cette vieille fille à lunettes, et la lourdaude érudition dont les amants ne sont qu'impotents bureaucrates aux greffes des littératures anciennes.

Acceptez donc ce volume, Madame, accueillez-le en favori et conservez-le en fidèle : il porte l'ex dono d'un de vos admirateurs qui est aussi un fervent chevalier de l'espérance. Si j'exprime ici des sentiments frileux, c'est que j'ai appris à mes dépens à ne plus sonner trop haut la fanfare des ambitions du cœur, sachant que les femmes aiment le mystère et que les amours, pour jouer à la main chaude, ne demandent quelquefois que le nid douillet d'un manchon où s'est glissé, en tapinois, un doux billet bien tendre, qui réclame peu, mais qui espère beaucoup, à l'envers du pauvre amant de la Sophronie du Tasse.

l'Éventail

L'ÉVENTAIL

Où trouver la meilleure paraphrase du mot *Éventail ?* Messieurs de l'Académie le définissent par *petit meuble* qui *sert à éventer,* Richelet et Furetière optent pour *instrument qui fait du vent* et ne donnent à ce terme aucun sexe approprié, soutenant que les meilleurs auteurs peuvent écrire sans faillir : *un bel éventail* ou *une jolie éventail.* Littré, plus concis, proclame le masculin et fournit peut-être la plus exacte définition dans le vague de cette périphrase : *Sorte d'écran portatif avec lequel les dames s'éventent.* Sur ce simple mot, il y aurait déjà matière à controverse et tous les Ménage et les Balzac de ce siècle pourraient argumenter pendant de longues dissertations sans parvenir à trancher définitivement la question du *petit meuble* ou du *petit instrument.*

L'origine de l'Éventail est restée jusqu'à ce jour le plus impénétrable mystère archéologique ; c'est en vain que toutes les plumes ont sondé cette grosse bouteille à l'encre et ont écrit d'ingénieuses compilations très curieusement étayées de documents précieux ou de citations en toutes langues ; le point d'interrogation reste toujours debout comme un diabolique signe hiéroglyphique sur lequel s'escrime l'érudition des archéologues.

L'invention de l'Éventail a fait écrire plus de chapitres et de réfutations qu'on ne pourrait croire : Nougaret, sous ce titre qui fut si souvent pris au XVIII⁰ siècle, *l'Origine de l'Éventail*, a fait un conte dans le *Fond du sac*, où il s'écrie ironiquement :

> Moi, rimeur ! Comment parler net
> De l'Éventail ? Son inventeur, son père,
> Quel est-il : Répondez, confident de Clio :
> Instruisez-moi ; je crois en vous ; j'espère
> Tirer parti de vos *in-folio*.
> Répertoires maudits ! Aucun ne m'endoctrine,
> L'un me fait voyager de l'Espagne à la Chine
> Et me montre, en cent lieux, ce meuble-là tout fait.
> Mais par qui ? Dans quel temps ? Voilà le point. Devine.
> D'un feuillage à longs plis l'autre, m'offrant l'effet,
> A l'ombre d'un palmier m'endort en Palestine.
> Sur l'Encyclopédie à huis clos je rumine :
> Pour mes cinq cents écus, je n'ai qu'un long feuillet
> Qui ne m'en dit pas plus que mon vieux Richelet.

Tenté de m'enrichir, je fouille en vain la mine :
S'il s'y trouve un filon, c'est pour l'abbé Trublet.
Que faire en pareil cas ? que faire ? On imagine.
Allons, soit ; viens, Amour, viens ! Ma muse badine
Sans toi renoncerait à traiter son sujet.

Nougaret fait une fable charmante, semblable par l'imagination à ces légendes qui prêtent à l'Éventail une origine curieuse dans quelques sérails d'Orient où la sultane jalouse donne à sa rivale qui l'insulte, sous les yeux de son maître, un furieux coup de ce serviteur des zéphirs, tandis que, sombre drame, l'eunuque s'approche, se saisit de la belle esclave insoumise et lui trancherait par ordre son col d'albâtre, si l'amour n'arrêtait le cruel au pathétique moment où la décollation s'apprête. Toutes ces gracieuses affabulations que nous retrouverons quelquefois sur notre route ne méritent nulle croyance ; telle cette historiette qui fait naître l'Éventail en Chine bien avant l'ère chrétienne et au cours de laquelle on nous montre la toute belle *Lam-Si*, fille d'un très puissant et vénérable mandarin, suffoquée par la chaleur dans une fête publique,

s'oubliant jusqu'à retirer le masque qui voilait au peuple ses traits délicats, et, se prenant à l'agiter si joliment pour se donner de l'air, que la foule charmée, imitant l'éclatante fille du Ciel, inventa et confectionna aussitôt l'Éventail pour son usage journalier. Une autre tradition nous apprend que, vers l'an 670, sous l'empereur Tenji, un indigène de Tamba, voyant des chauves-souris ployer et déployer leurs ailes, eut l'idée de faire des éventails à feuilles qui portèrent à cette époque le nom de *Kuwahori* (chauves-souris). Ce qui nous importe, ou plutôt ce qui importe aux savants *flabelliographes* ou *éventaillographes,* ce sont les deux phases distinctes de l'histoire de l'Éventail; son invention au fond de l'Orient sous forme d'écran rigide, plus tard perfectionné en écran plissé, ayant la *cocarde* pour transition, et son introduction en Europe si fort discutée, d'après des attributions variées qui donnent l'initiative de cette importation à plus de dix peuples différents.

Dans l'Inde antique, écrit M. S. Blondel dans son *Histoire des Éventails chez tous les peuples et à toutes les époques,* dans cette contrée que l'on considère avec raison comme le berceau de la race humaine, l'Éventail, fait d'abord de feuilles de lotus ou de palmier, de bananier ou de jonc, était un instrument d'utilité autant qu'un objet de parure. Son nom indoustan est *pânk'ha.*

Les poètes sanscrits en parlent dans leurs descriptions et la statuaire hindoue nous a conservé les formes particulières qu'on lui donnait. « Cette riche litière sur laquelle était couché le monarque *Pandore* fut ensuite ornée d'un Éventail, d'un chasse-mouche et d'une ombrelle », dit Krishna-Dwapayana, auteur du poème *Muhâ Chârata*, lequel raconte dans un autre endroit que le roi Nila avait une jeune fille douée d'une extrême beauté. Cette princesse servait constamment le feu sacré, dans le but d'accroître la prospérité de son père. « Mais, y est-il raconté, la jeune fille avait beau l'exciter avec son Éventail, il ne flambait pas tant qu'elle ne l'avait point ému avec le souffle sorti de ses lèvres charmantes. Le céleste feu s'était épris d'amour pour cette jeune fille admirable à voir. »

Dans toutes les légendes qui tiennent une si grande place dans la littérature de l'Inde, dans tous les récits que les bouddhistes ont empruntés aux écrits brahmaniques, il est question de l'*Éventail*, et l'on voit de jolies princesses, qui répondent à de doux noms tels que Fleur de Lotus ou Goutte de Rosée, agiter le *tchamara* ou quelquefois le chasse-mouche *(tchaoünry)* avec une grâce parfaite, soit au sortir d'un bain à l'essence de rose, soit dans la voluptueuse attitude du repos sur des carreaux de soie pendant les matinées du mois de *Vesâtha*.

Le *tchamara* était un Éventail en mosaïque de plume dont la poignée était de jade enrichie de pierres précieuses et qui était assujetti à un long manche lorsqu'il devait être porté dans les cérémonies, comme ces grandes fêtes annuelles de Djaguernauth pendant lesquelles on sortait la statue de *Siva*, cette troisième personne de la trinité indienne, ce dieu de la destinée et de la mort qui tue pour renouveler, promené solennellement sur un char immense traîné par un éléphant et sous les roues duquel des fanatiques se tapissaient pour être écrasés et broyés avec une étrange résignation à la loi inflexible de la transmigration selon toutes les règles et préceptes du *Pratimôkha*.

Sur la côte de Malabar, lorsque l'idole principale sort en public, portée sur le dos d'un éléphant magnifiquement orné, elle est accompagnée de plusieurs *naïres* ou nobles du pays, dont l'emploi est d'éloigner les mouches de l'idole avec des éventails qu'ils portent au bout de cannes fort longues.

Des miniatures indoues, conservées au *Cabinet des estampes* ou au musée du Louvre, représentent différentes formes d'éventails en plumes de paon; des chasse-mouches dont les panaches, blancs

comme la neige, sont fournis par des queues de buffles du Thibet et des écrans de jonc tressé de diverses couleurs. L'orientaliste Langlès, dans ses *Monuments anciens et modernes de l'Indoustan,* décrit un bas-relief de la pagode d'Élépanta, où, derrière la représentation de Brahma et Indra, un esclave agite de chaque main deux longs chasse-mouches, attribut de la royauté, comme le sont encore l'Éventail et le parasol à sept étages dans le royaume de Siam.

C'est bien dans l'Inde, dans ce pays des *Mille et une Nuits,* dans cet Orient ensoleillé où tout parle à l'imagination, depuis les trente-six mille incarnations de Bouddha jusqu'aux bizarreries miroitantes d'une architecture unique dans sa richesse décorative, c'est bien dans cette contrée des légendes et des songes qu'il nous plaît de placer l'origine de l'Éventail. C'est là qu'il nous apparaît, manié par de langoureuses danseuses dans un décor splendide, où le soleil fait éclater ses rayons d'or comme un prisme multiple sur la blancheur des minarets de marbre ou sur les dômes de porcelaine émaillée, sur les faïences vernissées des façades, sur de féeriques cortèges où la soie des habits se marie au scintillement magique des armures, aux harnachements constellés de pierreries, aux dorures des palanquins sculptés et incrustés de nacre, d'ivoire ou de pierres précieuses.

Un des plus grands plaisirs réservés aux Indiens fidèles dans le Calaya, qui est un de leurs cinq paradis, est de rafraîchir Ixôra, dieu qui y préside en agitant sans cesse devant lui de grands Éventails. Dans le chef-

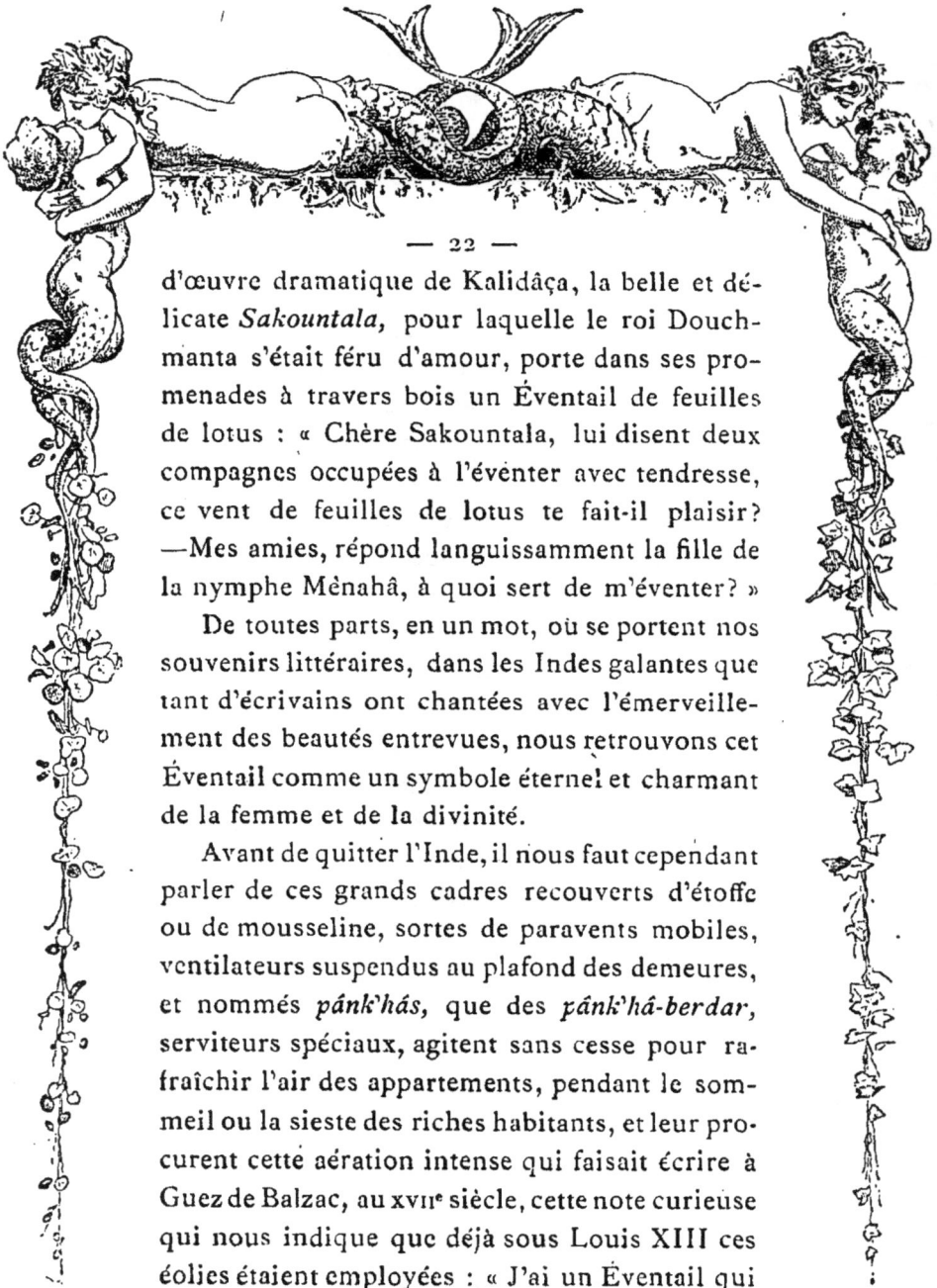

d'œuvre dramatique de Kalidâça, la belle et délicate *Sakountala,* pour laquelle le roi Douch-
manta s'était féru d'amour, porte dans ses promenades à travers bois un Éventail de feuilles
de lotus : « Chère Sakountala, lui disent deux
compagnes occupées à l'éventer avec tendresse,
ce vent de feuilles de lotus te fait-il plaisir?
—Mes amies, répond languissamment la fille de
la nymphe Mènahâ, à quoi sert de m'éventer? »

De toutes parts, en un mot, où se portent nos
souvenirs littéraires, dans les Indes galantes que
tant d'écrivains ont chantées avec l'émerveille-
ment des beautés entrevues, nous retrouvons cet
Éventail comme un symbole éternel et charmant
de la femme et de la divinité.

Avant de quitter l'Inde, il nous faut cependant
parler de ces grands cadres recouverts d'étoffe
ou de mousseline, sortes de paravents mobiles,
ventilateurs suspendus au plafond des demeures,
et nommés *pânk'hás,* que des *pânk'há-berdar,*
serviteurs spéciaux, agitent sans cesse pour rafraîchir l'air des appartements, pendant le som-
meil ou la sieste des riches habitants, et leur pro-
curent cette aération intense qui faisait écrire à
Guez de Balzac, au xviie siècle, cette note curieuse
qui nous indique que déjà sous Louis XIII ces
éolies étaient employées : « J'ai un Éventail qui
fait un vent dans ma chambre qui ferait des
naufrages en pleine mer. »

Mais arrivons à la Chine et au Japon, cette patrie de l'Éventail, par un de ces coq-à-l'âne ethnologiques et ethnographiques auxquels nous condamne cette histoire hâtive du *petit instrument* chéri des dames. Selon M. Blondel et d'après une pièce de vers du poète Lo-ki, l'invention des Éventails en Chine remonterait à l'empereur Won-wang, fondateur de la dynastie de Tchéou (1134 ans avant Jésus-Christ). Ces écrans primitifs, d'après un passage de *Feï-ki-yu-lin*, servaient à la guerre d'étendard ou de signe de ralliement, et le général Tchou-ko-liang commandait ses trois corps d'armée en tenant un éventail de plumes blanches. Les premiers furent d'abord faits, il est certain, en feuilles de bambou ou de plumes ; on en fit ensuite de soie blanche unie et de tissus de soie brodés, car, selon Hai-Tsée, cité par les missionnaires dans leur *Mémoire sur la soie,* après qu'on eut épuisé tout ce que le génie industriel pouvait imaginer, on arriva à introduire sur les écrans des plumes d'oiseau d'un coloris aussi brillant et aussi changeant que l'arc-en-ciel, et des perles assez fines et assez petites pour se prêter au tissu le plus délicat.

Les premiers écrans chinois eurent d'abord la forme carrée, puis ils prirent l'apparence de larges feuilles de nénuphar. Les Éventails en bambou remontent à l'empereur Houan-ti, de la dynastie des Han (147 à 167 de Jésus-Christ);

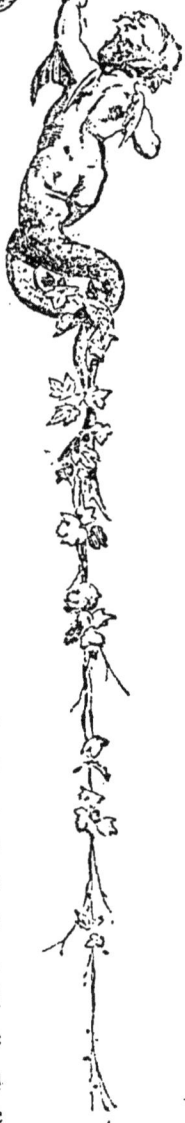

un ou deux siècles après, on les retrouve sous les Tsin, et le *Li-tchao-han lin-tchi* nous apprend que l'empereur donnait aux membres de l'Académie impériale, le cinquième jour du cinquième mois, un grand écran rond de bambou sculpté et peint en bleu.

Il nous faudrait des pages et une surabondance de détails technologiques pour aborder ici l'histoire spéciale de l'Éventail, en Chine et au Japon, depuis l'écran à feuilles planes et à feuilles non planes, l'Éventail plissé en cocarde, l'Éventail à gouttière, dont la feuille ne peut recevoir son complet développement, jusqu'à l'analyse des tissus, des plumages et des bois employés pour la confection de tous ces objets d'art. Ce seraient des dissertations infinies sur l'Éventail primitif et l'écran plissé, sur les replis, par glissement, des lamelles de la feuille, sur le système indou, byzantin ou chinois proprement dit ; ce sont là études arides qui méritent l'intérêt des antiquaires, mais dont nous nous sauvons par respect pour la littérature, et par courtoisie en- vers nos aimables lectrices. — Au Japon

aussi bien qu'en Chine, l'Éventail fait partie inté-
grante du costume et semble servir à tous les
usages ; on le manie familièrement en signe de salu-
tation ; plié et étendu, il devient un signe de commandement. « Les élégants qui n'ont ni cannes ni
cravaches, dit M. Achille Poussielgue dans la rela-
tion du *Voyage en Chine* de M. de Bourboulon,
agitent leur Éventail avec prétention en se donnant
des airs suffisants; les évolutions que les jeunes
filles font faire au leur forment un langage muet,
mais significatif; *les mères s'en servent pour endor-
mir leurs enfants au berceau; les maîtres pour frapper les écoliers récalcitrants ; les promeneurs pour
écarter les moustiques qui les poursuivent; les ouvriers, qui portent le leur dans le collet de leur
tunique, s'éventent d'une main et travaillent de
l'autre; les soldats manient l'Éventail sous le feu de
l'ennemi avec une placidité inconcevable. Il y a des
éventails de deux formes, ouverts ou pliants : les
premiers sont formés de lames d'ivoire ou de papier;
ils servent d'albums autographes, et c'est sur un
Éventail en papier blanc qu'un Chinois prie son
ami de tracer une sentence,   des caractères ou un
dessin qui puissent   lui rappeler son
souvenir.   Ces albums-

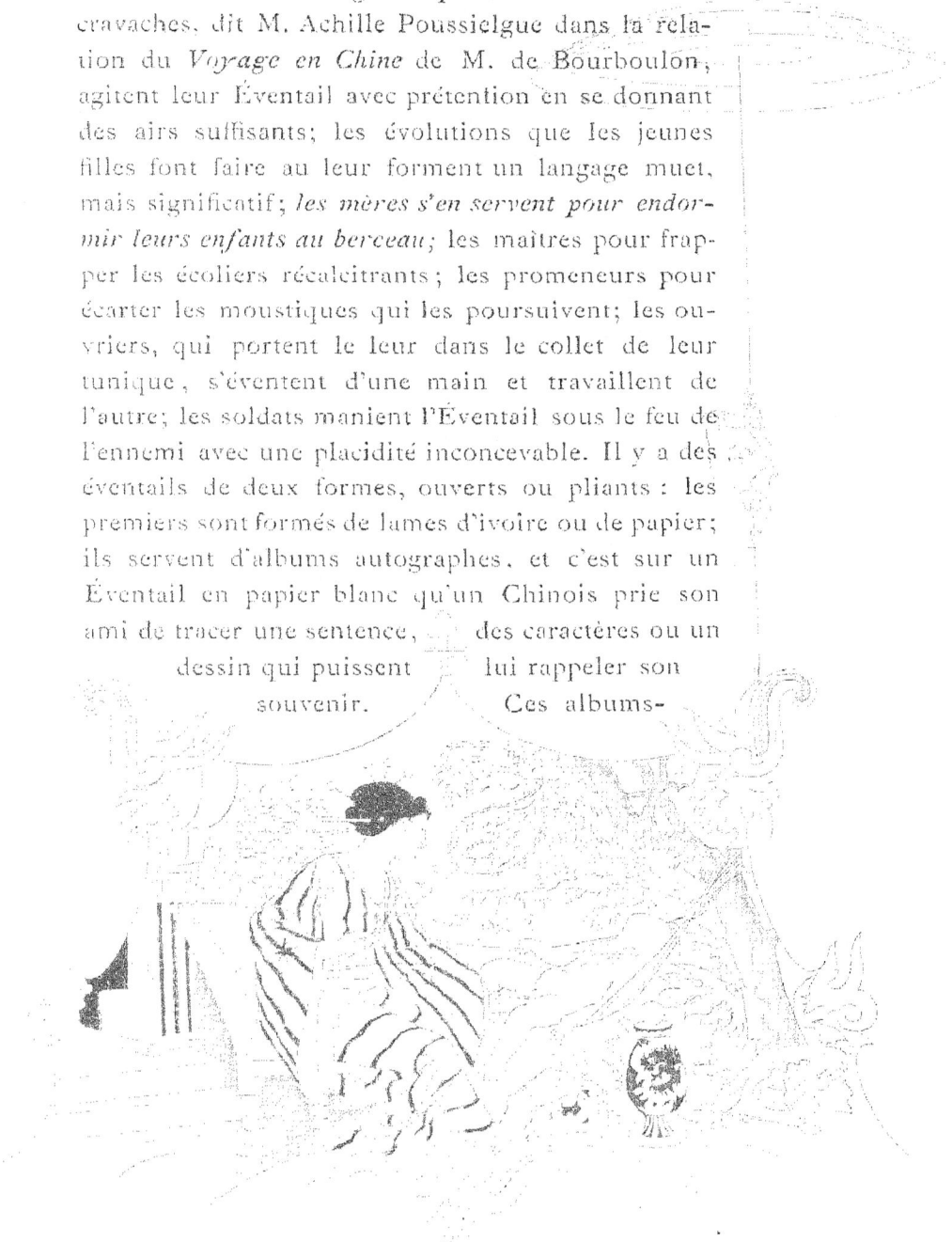

Éventails sur lesquels sont apposés les sceaux d'hommes illustres ou de grands personnages acquièrent une grande valeur. »

On ferait un curieux opuscule avec l'histoire analytique et pittoresque de l'Éventail en Chine et au Japon, en appelant à soi la poésie, les allégories mythologiques, les romans et comédies de caractère de la littérature asiatique, en mettant en relief des légendes comme celles qui placent l'Éventail dans la main de Tossito-ku, dieu de la prospérité au Japon, ou en reproduisant des petits poèmes comme le *Chant d'Automne* du poète *Thou-fou*, qui voit s'agiter dans ses rêves « des Éventails en plumes de faisan, pareils à de légers nuages ». Il y aurait là le comique, le poétique, le dramatique et même l'héroïque; car le lourd Éventail de commandement en fer ciselé trouverait place dans quelque grande et belle épopée analogue à nos remarquables romans de chevalerie du moyen âge.

Dans cet opuscule, il serait question des galants présents semblables à celui que, dans la période Chun-hi des Soung (1174 à 1190), l'empereur fit à l'impératrice de Chine, sous la forme de quatre écrans de jade blanc, dont les manches étaient d'ambre odoriférant. Il serait question aussi de ces artistes merveilleux de l'ancienne Chine, au commencement de l'ère chré-

tienne, de ce Chi-ki-long, lequel avait acquis une brillante réputation dans la fabrication des écrans appelés *Kin-po-mou-nan*, et qui battait l'or en lames minces comme des ailes de cigale, les appliquait sur les deux faces de l'écran, les vernissait, y peignait des oiseaux extraordinaires et des animaux rares et collait sur le tout de délicates feuilles transparentes de mica.

On pourrait enfin s'étendre, dans cette histoire spéciale de l'Éventail en Chine et au Japon, sur les différents genres d'éventails plissés et d'écrans à la main, sur ceux faits de laque ou de plumes peintes, sur les Éventails brisés de filigrane d'argent, de sandal, de nacre, d'ivoire, sur les écrans de queues de faisans argus, sur ceux de marceline brodée et sur toutes les merveilles de l'industrie asiatique moderne dont M. Natalis Rondot a été le savant et ingénieux analyste lors de notre Exposition de 1851.

Si nous revenons maintenant brusquement aux peuples de l'ancienne Égypte, nous retrouvons le *pedum* ou le *flabellum;* mais nous convenions, avec un écrivain allemand, qu'un rabbin serait plus à même que nous de décider avec certitude, à l'aide de sa *Mischna,* si ce bouquet de papyrus *(Cyperus papyrus)* était réellement entre les mains de l'aimable fille de Pharaon, lorsque, se promenant sur les bords du Nil,

elle trouva le petit Hébreu Moïse dans une corbeille de jonc.

Le regretté Mariette bey avait trouvé à Abydos une stèle funéraire qui figure aujourd'hui au musée de Boulaq, laquelle représentait *Osiris assis sur son trône ayant derrière lui un flabellifère du roi nommé Tiou et sa femme Roy qui lui rend hommage prosternée à ses pieds.*

La divine et voluptueuse Cléopâtre, cette fille des rois et des dieux, élevée par les prêtresses d'Isis et initiée aux mystères par les mages de Memnon et d'Osiris, cette maîtresse de Marcus Antonius, belle comme Diane, souple comme une Néréide, plus embrasée du feu amour qu'une Thyade fougueuse, ne dédaignait pas, lorsqu'elle se ruait aux bras de quelque amant, soit le Nubien Pharam mis en scène par Jules de Saint-Félix, soit ce Méïamoun, fils de Mandonschopsch, si bien campé dans une Nouvelle célèbre de Gautier, Cléopâtre ne dédaignait pas, dans ces nuits d'orgie, de se faire éventer par des esclaves favorites munies d'écrans ou de plumes d'ibis imprégnées de senteurs, pendant que sur les trépieds fumaient lentement le baume de Judée, l'iris en poudre odorante et l'encens de Mèdes, et que les urnes de vin de Syrie étaient prêtes pour les libations favorables aux amants.

Dans la cosmogonie égyptienne, raconte M. Blondel, l'Éventail était l'emblème du bonheur et du repos céleste; on s'explique alors pour quelle raison, dans les triomphes, les chars ou palanquins sont

représentés environnés d'Éventails ou de rameaux fleuris. Un grand nombre de monuments indiquent en quoi consistaient la forme et l'ornementation de ces *flabella*. Citons d'abord les peintures murales de Beni-Hassan, où une femme debout agite un éventail carré derrière une harpiste. Les fresques du palais de Medinet-Abou à Thèbes montrent également le Pharaon Rhamsès III, dit le Grand (1235 avant notre ère), dont l'entourage porte d'élégants écrans de forme demi-circulaire peints de couleurs brillantes, admirablement disposées, moins ornés cependant que ceux représentant le triomphe du roi Horus (1557 ans avant

Jésus-Christ) où l'on voit deux porte-éventails qui rafraîchissent le roi avec deux *flabella* à long manche tors ou versicolore. Cet Éventail alors tenait lieu d'étendard et n'était porté que par des princes royaux ou des dignitaires d'une bravoure éprouvée qui avaient rang de généraux.

Dans le *Roman de la Momie*, Théophile Gautier, ce merveilleux évocateur de l'Égypte ancienne, représente le Pharaon sur son trône d'or entouré de ses oëris et de ses flabellifères dans une salle énorme, sur un fond de peintures représentant les hauts faits de ses aïeux et les siens. D'autre part, de belles esclaves nues, dont le corps svelte offre le gracieux passage de l'enfance à l'adolescence, les hanches cerclées d'une mince ceinture, une buire d'albâtre à la main, s'empressent autour du même Pharaon, répandant l'huile de palme sur ses épaules, ses bras et son torse polis comme le jaspe, tandis que d'autres servantes agitent autour de sa tête de larges Éventails de plumes d'autruche peintes, ajustées à des manches d'ivoire ou de bois de santal qui, échauffé par leurs petites mains, dégagent une odeur délicieuse.

Nous voyons encore l'Éventail chez les Assyriens, les Mèdes et les Perses, où il affecte la forme carrée et quelquefois le demi-cercle ; mais c'est surtout à Rome, dans la Rome du siècle

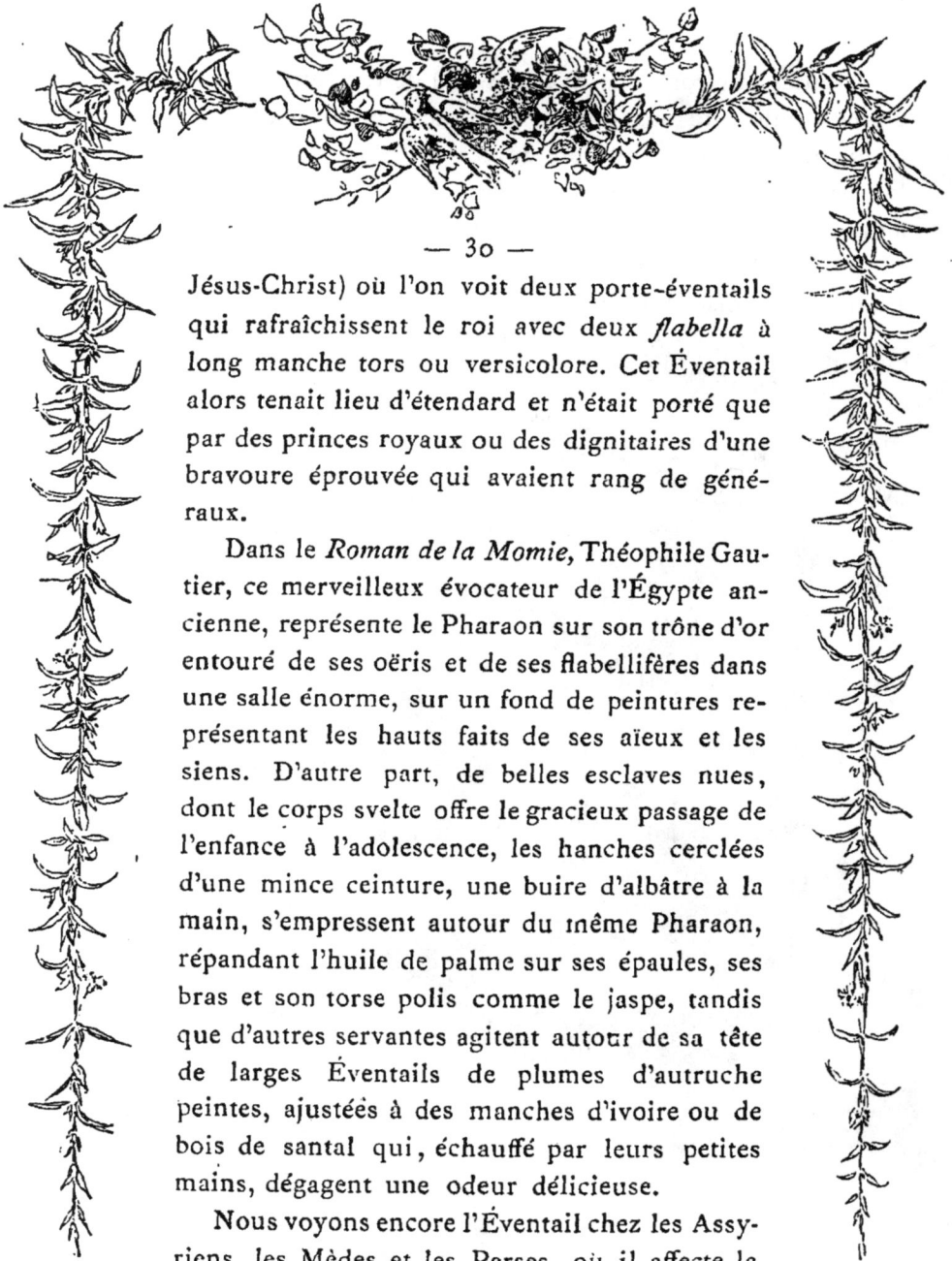

d'Auguste, que nous aimons à apercevoir l'Éventail sur la voie Appienne, en dehors de la porte Capène, dans le bruit des chars et des litières portées à dos de six ou huit lecticaires, près de l'équipage majestueux d'une matrone accompagnée de deux esclaves : l'une, la *suivante*, portant un parasol de toile tendue par de larges bâtons ; l'autre, la *porteuse d'Éventail* (flabellifera) , tenant une espèce de palme ou plume de paon qu'elle agite devant la dame afin de lui procurer de la fraîcheur et d'écarter les mouches importunes, tandis que quatre coureurs noirs indiens ou africains précèdent la litière et que deux liburniens blancs marchent derrière la chaise, manière de valets de pied, prêts, au moindre signal de la matrone, à placer le marche-pied qui l'aidera à descendre de son lit soyeux.

Il est constant que, si les dames romaines ne maniaient pas elles-mêmes l'Éventail, l'usage leur en était connu. Le poète Nomsus en fait mention fréquente ; c'était à des esclaves et aussi aux galants qu'incombait le devoir de rafraîchir les belles indolentes. Ovide, parlant des attentions que les jeunes gens doivent avoir pour séduire les femmes, recommande le maniement de l'Éventail ; on trouve, au surplus, des Éventails sur diverses pierres où ils font fonction soit d'écarter les insectes, soit de procurer la fraîcheur aux voluptueux étendus sur des lits de repos.

Ces dames de l'antiquité, environnées d'esclaves qui cherchaient à épargner toute espèce de mouvement à la noble main de leurs gracieuses maîtresses, faisaient porter à côté d'elles des Éventails, et se garantissaient ainsi de l'ardeur du soleil par le secours de filles esclaves spécialement destinées à ce ministère et auxquelles Plaute avait déjà donné le nom particulier de *flabelliferæ* cité plus haut. On avait même de petites corbeilles exprès, dans lesquelles les esclaves portaient, pour ainsi dire, ces Éventails en parade, tant qu'on n'en faisait pas usage.

Les Latins se servaient aussi de l'Éventail de plumes ou de l'écran pour entretenir ou activer le feu dans les sacrifices, et l'on retrouve sur plusieurs vases antiques des Vestales assises près de l'autel, un éventoir à la main, dans une pose alanguie et rêveuse qui évoque l'idée de flammes intérieures qu'attisent seules les flèches du petit dieu Cupidon, plutôt que les chastes ardeurs des mystères sacrés auxquelles étaient condamnées les gardiennes du Palladium.

Quelques poètes grecs ont comparé l'Éventail à Zéphyr ou à Éole, dieu des vents, lorsqu'ils montrent, sous les vertes ramures des filles de Lesbos se baignant au crépuscule des jours chauds, puis, au sortir de l'onde, nues sur les rives agitant près de leur sein une branche de feuillage de myrte avec la grâce d'une impudeur qui s'ignore. Athénée, Eubule, Hésychius, Ménandre, Lucien, tous les pornographes grecs, Barthélemy, dans *le Voyage du jeune Anacharsis*, et le savant Pauw, dans ses *Recherches sur les Grecs*, mentionnent l'Éventail qui était alors fait de plumes d'oiseaux placées sur une longue tige de bois en forme de lotus et partant d'un centre commun autour duquel elles rayonnent.

Des branches de myrte, d'acacia et les superbes feuilles trois fois dentelées du platane des pays orientaux furent aussi sans contredit les Éventails et les

chasse-mouches les plus usités de l'ancienne
Grèce, ainsi que le remarque Boettiger, et ceux
dont on se servit dans le principe. On a même
tout lieu de croire que les thyrses, si voluptueu-
sement entourés de lierre et de pampre, et que
nous voyons si fréquemment sur les monuments
anciens entre les mains des bacchantes et des
autres compagnons du dieu des vendanges,
outre la destination solennelle qu'ils avaient
dans les fêtes et les processions de Bacchus,
avaient encore l'avantage accidentel de procurer
de la fraîcheur et de l'ombrage à ses adorateurs
échauffés par la course et les divertissements.
On ne tarda pas à imiter artistement les feuilles
naturelles des arbres. On trouve ces éventails
souvent sur les bas-reliefs artistiques des anciens monuments, auxquels quelques inter-
prètes ont donné des significations fort extraordinaires. Nous les trouvons, par exemple, dans
Montfaucon, sur les tableaux des *Noces aldo-
brandines*, et sur une pierre gravée de la collection du duc d'Orléans, avec les paons qui ne
furent connus dans la Grèce proprement dite
que vers le ve siècle avant Jésus-Christ. Les
dames grecques reçurent la queue de paon,
comme une nouvelle et brillante espèce d'É-
ventail, des habitants des côtes de l'Asie Mineure,
qui aimaient le luxe et la magnificence, et
surtout de la Phrygie. Un eunuque phrygien

raconte, dans une des tragédies qui nous restent d'Euripide, que, suivant la mode de la Phrygie, il avait rafraîchi les boucles et les joues d'Hélène avec une queue garnie de plumes tout autour, et ces queues de paon reviennent si souvent dans les auteurs postérieurs grecs et romains, qu'il en est presque toujours fait mention quand il est parlé de la parure des femmes.

Il paraît cependant que de toutes les espèces d'Éventails de l'antiquité, ceux qui étaient composés de plumes de paon entrelacées et placées les unes sur les autres, formant un bouquet rond ou un demi-cercle peu épais, furent les plus fréquents et les plus longtemps en usage. C'est sur les ailes de ces Éventails que nous revenons à l'orient occidental, chez les peuples arabes qui n'adoptèrent guère l'éventoir proprement dit que vers les premiers siècles de notre ère chrétienne.

Un très ancien poète arabe, Farazdak, a laissé la poésie suivante, citée par M. Blondel :

« La charmante jeune fille, qui repose sous une tente agitée par la brise, est semblable à la tendre gazelle ou à la perle, objet des vœux du plongeur; lorsqu'elle avance, on dirait d'une nuée éclatante.

« Combien sa taille svelte est plus agréable à mes yeux que l'embonpoint massif de cette femme qui nage dans sa transpiration, aussitôt

que les Éventails ont cessé de rafraîchir l'air autour d'elle ! »

Dans la 257ᵉ nuit des *Mille et une Nuits*, le *Dormeur éveillé*, Abou-Hassan, se croyant le commandeur des Croyants, entre dans une salle à manger splendide et s'accroupit sur des carreaux pour demander des rafraîchissements. Aussitôt sept jeunes filles idéalement belles s'empressent, avec des éventails, autour du nouveau kalife et lui déclarent, à tour de rôle, se nommer : *Cou d'albâtre, Bouche de corail, Éclat du soleil, Face de lune, Délices du cœur, Plaisir des yeux* et *Canne de sucre*, tandis qu'elles agitent au-dessus de sa tête, avec des mouvements de corps charmants, des plumes d'autruche ou de paon et des écrans de sparterie. Dans un autre conte fantaisiste et *merveilleux*, enfoui, si notre mémoire est fidèle, dans le lourd fatras du *Cabinet des fées*, un roi d'Afrique, à qui la fortune des armes semble opiniâtrément contraire, est plongé dans un morne découragement et désespère de sauver son petit royaume menacé par ses ennemis, lorsqu'un génie charitable lui apprend que dans la contrée des

Grottes bleues se trouve, sous la garde d'une vieille fée cruelle, un Éventail enchanté fait entièrement de plumes de phénix, au milieu duquel brille un éclatant soleil de pierres précieuses, et que, ajoute le Génie, s'il parvient à posséder cet éventail magique, qui a souvent décidé du sort des batailles aux époques barbares de ses aïeux, la victoire lui reviendra soudain puissante et certaine. Le prince africain, à cette nouvelle, met tous ses guerriers en campagne, avec la crédulité des rois de féerie et le joli conte bleu nous conduit, au travers des aventures les plus merveilleuses, pour nous montrer, au dernier chapitre, le fameux Éventail conquis, apporté par la fille d'un prince du royaume voisin, que le fortuné monarque, désormais glorieux, *accueille avec apparat dans sa salle du trône*, pour lui offrir, en manière de dénouement et en gage de reconnaissance, sa main, ses trésors et son cœur.

Toute l'antiquité nous offre des exemples de l'emploi de l'Éventail : Héliogabale, ce Sardanapale romain, fils de Caracalla, et qui fut un si grand raffiné de luxe qu'il fit venir à Rome, par un chemin couvert de poussière d'or, la pierre noire d'Émère (qui représentait le Dieu du Soleil) sur un char à six chevaux blancs, pour la placer dans un temple

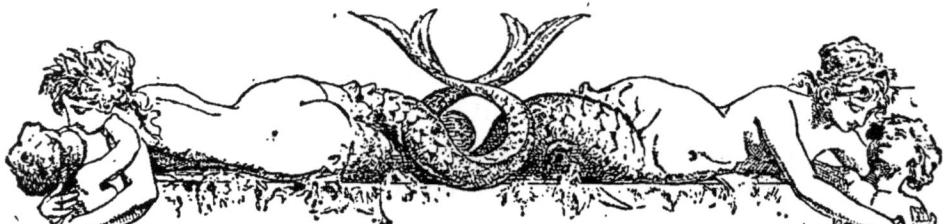

magnifique construit sur le Palatin; Héliogabale, qui avait conservé les traditions d'Orient, ne se servait d'ordinaire, en guise de sceptre, que d'un Éventail éclatant orné de pierreries, de feuilles d'or et de plumes peintes avec un art infini.

Dans un manuscrit du *British Museum* (*additional ms. Brit. Mus.*, 19352), dans une sorte de psautier grec rarissime, qu'il nous a été permis de voir récemment à Londres, nous avons trouvé, sur une exquise miniature, l'image de David endormi qu'un ange évente avec un long *flambellum* bizarre.

Les rois de Perse faisaient porter en campagne un feu qu'ils appelaient le feu sacré. Ce feu était porté sur un magnifique chariot traîné par quatre chevaux blancs et suivi de trois cent soixante-cinq jeunes hommes vêtus de jaune. Il n'était pas permis d'y jeter quelque chose d'impur, et on le respectait de telle sorte que, n'osant le souffler avec l'haleine, on ne l'allumait qu'avec un Éventail.

Les anciens iconologues enfin, pour terminer ces digressions, donnent au mois d'août, entre autres attributs, une espèce d'Éventail fait de queues de paon. — Sur un tableau des antiquités d'Herculanum, on voit un jeune homme portant une de ces queues de paon; et

dans les figures des douze mois, telles que le docte bibliothécaire Lambécin nous les a données d'après un vieux calendrier, on voit également une de ces queues de paon suspendue à côté du génie du mois d'août. Ces Éventails en queue de paon étaient très recherchés à Rome. Il faut, dit Properce, des Éventails semblables à la superbe queue de paon et Tertullien, dans son *Traité du Manteau,* fait ainsi la description du plumage de l'oiseau de Junon : « La plume tient lieu d'habit au paon et même de l'habit le plus riche. Que dis-je ! la pourpre de son cou est plus éclatante que celle des plus rares coquillages, l'or de son dos est plus éblouissant que tous les astres du monde, sa queue balaye la terre plus pompeusement que la plus longue simarre ; mélange d'un nombre infini de couleurs, nuancée, chatoyante, sa parure, qui n'est jamais la même, semble toujours différente, quoiqu'elle soit toujours la même quand elle paraît différente, enfin elle change autant de fois qu'elle se remue. »

Dans les peintures étrusques, surtout sur les vases antiques, les Éventails apparaissent en grand nombre et affectent de très nombreuses et curieuses formes ; ils sont cependant toujours composés d'un manche et d'une partie plate, comme nos écrans japonais modernes. On en trouvera plusieurs sur les poteries italo-grecques

du musée du Louvre. Les Étrusques avaient transmis aux Romains le grand luxe oriental avec cet art spécial qui avait acquis chez eux un si grand développement; leurs poteries, si chaudes de couleur et si variées d'ornementations adorables, représentent soit une déesse sur son char conduite par des génies ailés, soit des scènes de gynécée où quelques jeunes servantes ioniennes, si habiles aux choses de la toilette, agitent près de leur maîtresse assise un éven-

tail à long manche. Sur l'un de ces vases nous trouvons une scène charmante, ou la *courtisane orne de fleurs le front de son amant,* tandis que la *flabellifera* se tient immobile et que la joueuse de double flûte charme en dansant lentement les deux amoureux. Sur un autre vase, d'un dessin et d'une coloration remarquable, nous assistons à la toilette d'une Romaine couchée sur son *lectulus,* abandonnée aux soins d'une servante diligente qui la parfume de

Chypre et de nard, en laissant s'agiter sur son visage une de ces *tabellæ,* sorte d'Éventail construit à l'aide de petites planchettes de bois précieux ou d'ivoire très mince.

C'est de ces *tabellæ* que parle Ovide dans son élégie des *Jeux du cirque,* troisième livre de ses *Amours,* lorsqu'il s'écrie : « Veux-tu qu'un zéphyr agréable vienne caresser ton visage ? voici ma tablette qui te procurera ce plaisir par le mouvement que je lui donnerai, à moins que la flamme qui t'embrase ne soit alimentée par mon amour plutôt que par la chaleur du jour, auquel cas elle ne peut s'éteindre que dans notre propre feu et nos plaisirs mutuels. »

Nous abandonnons enfin l'antiquité indienne, chinoise, grecque et latine pour aborder le moyen âge, et sans nous inquiéter, comme l'ont prétendu certains archéologues, si l'introduction réelle de l'Éventail en Europe fut faite vers le xvi⁰ siècle par les Portugais de Goa, constatons que l'Église chrétienne avait fait de l'Éventail un instrument du culte en lui donnant, selon saint Jérôme, un sens mystérieux de continence, dont nous ne rechercherons pas l'origine, et remarquons que l'apôtre saint Jacques, d'après les *cérémonies et coutumes religieuses* (1723, t. Ier, p. 68), recommande l'usage de l'Éventail sacré dans sa liturgie.

Sans aucun doute les Croisés et les pèlerins,

de retour du Levant, en répandirent l'usage de toutes manières et ce serait un point historique très intéressant à développer. Le flabellum est resté, quoi qu'il en soit, un des principaux insignes de la papauté et servit au saint sacrifice, pour préserver l'officiant des mouches et des rayons du soleil jusqu'à la fin du xiii siècle. Moreri, dans son *Dictionnaire* (édit. de 1759), relate que, dans la célèbre abbaye de Saint-Philibert de Tournus et dans le monastère de Prouisse de l'ordre de Saint-Dominique (ix siècle), on voyait un singulier Éventail dont les diacres se servaient autrefois pour empêcher les mouches de tomber dans le calice; Durant en parle dans son livre *De ritibus ecclesiasticis* et assure que deux diacres le tenaient de chaque côté de l'autel. Cet Éventail avait, paraît-il, une forme ronde, à peu près semblable à l'Éventail connu de nos jours comme type à cocarde, à cette différence près qu'il présentait plus d'étendue et que le manche était de beaucoup plus haut. Autour de celui que l'on conserve dans l'abbaye de Tournus et qui a été exposé au *Musée de l'histoire du travail* à l'Exposition de 1867, on lit en gros caractères de chaque côté une longue inscription latine dont nous ferons grâce au lecteur. Autour de l'Éventail, au-dessus de l'inscription, sont représentés les saints dont voici les noms : *Sancta Lucia, Sancta Agnes, Sancta*

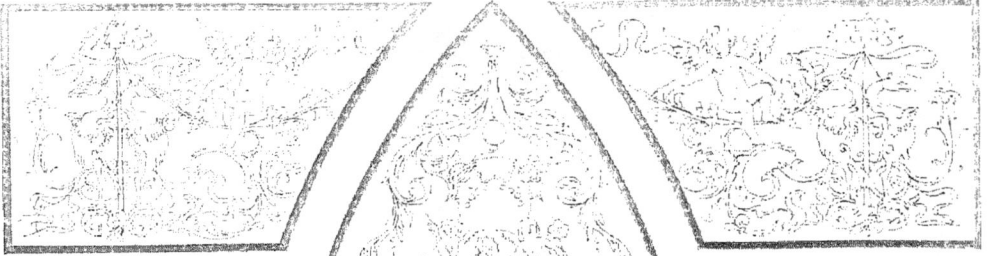

Cœcilia, Sancta Maria, Sanctus Paulus, Sanctus Petrus, Sanctus Andreas. Au-dessus des figures on lit encore : *Index Sanctus Mauricius, Sanctus Dionysius, Sanctus Philibertus, Sanctus Hilarius, Sanctus Martinus Levita.*

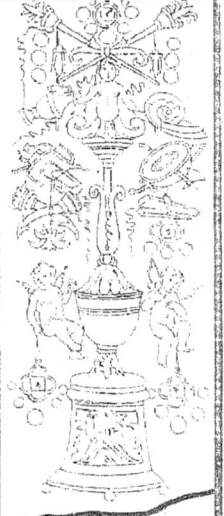

Cet Éventail, orné de figures nimbées d'or de saints et de saintes dont les noms sont écrits en onciales

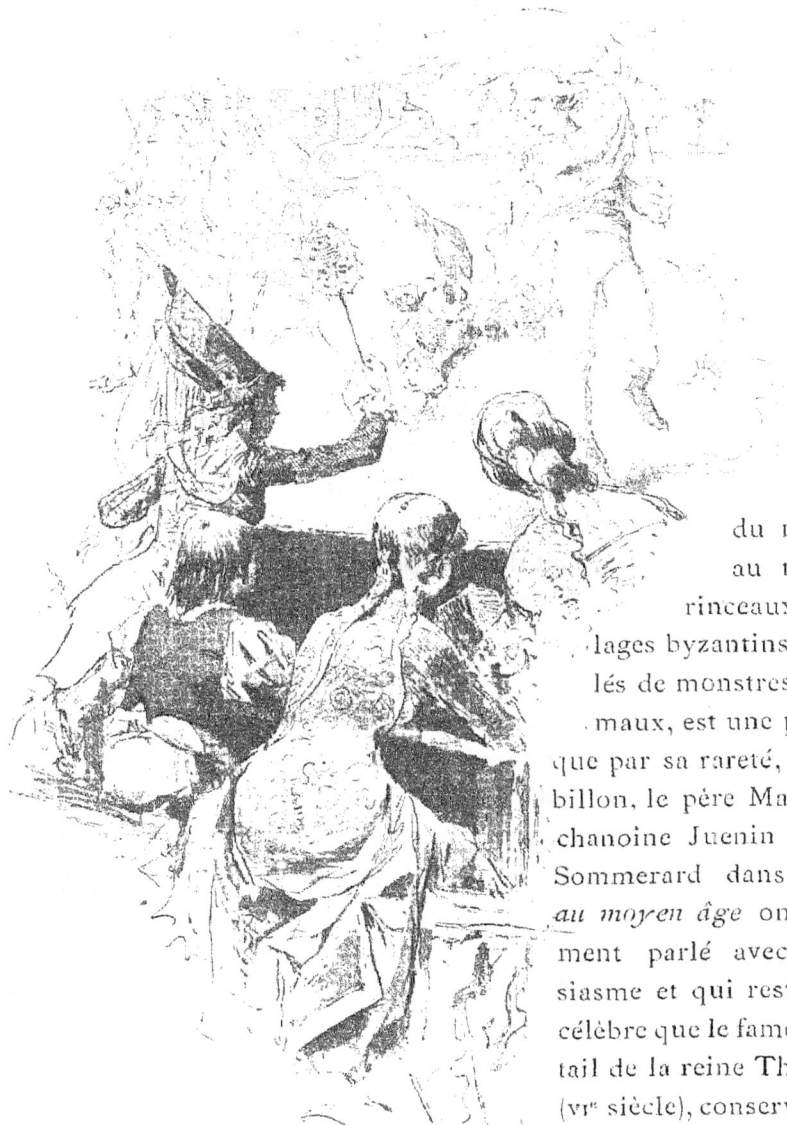

du IXᵉ siècle,
au milieu de
rinceaux de feuil-
lages byzantins entremê-
lés de monstres et d'ani-
maux, est une pièce uni-
que par sa rareté, dont Ma-
billon, le père Martenne, le
chanoine Juenin et M. du
Sommerard dans *les Arts
au moyen âge* ont longue-
ment parlé avec enthou-
siasme et qui restera aussi
célèbre que le fameux Éventail de la reine Théodelinde
(VIᵉ siècle), conservé dans le
trésor du roi Monza et dont M. Barbier de Montaud, prêtre do-
minicain, a donné la description.

Une forme d'Éventail intéressante est celle qui se retrouve
vers 1430 en Espagne ; c'est une sorte d'*abanico* rond, soit en
paille de riz, soit garni de plumes. On pourrait croire que
c'est munies de cet écran coquet que les belles Espagnoles du
XVᵉ siècle applaudissaient aux *toros* l'élégant *chulo* moulé dans

des vêtements collants délicieux de ton, le *banderillo*, l'*Espada* et tous les gracieux *toreros* du temps ; lesquels portaient également parfois l'Éventail comme pour mieux se jouer des fureurs de la bête indomptée.

Comme souvenir à cette époque chevaleresque, on peut évoquer le roman de l'*Amadis des Gaules*, où il est dit (livre IV) qu'Apollidon avait non seulement embelli ses jardins de tout ce que l'Europe avait produit de plus agréable et de plus rare, mais qu'il avait dépouillé l'île de Sérendib et la presqu'île de l'Inde de tout ce qu'elle avait de plus précieux. Le Phénix, attiré par les parfums qui s'exhalaient de l'île ferme, s'était assez longtemps arrêté dans cette île pour y changer de plumage.

Apollidon avait mis ses soins à recueillir les superbes plumes pourpres et dorées qui couvrent ses ailes et en avait fait faire un Éventail relié par un diamant et une escarboucle. Cet Éventail préservait celle qui s'en servait de toute espèce de venin ; ce fut le premier présent qu'Oriane reçut d'Amadis, au moment de son arrivée dans l'île ferme.

En Italie, aux xie et xiie siècles, remarque M. Natalis Rondot, on portait des Éventails de plumes en touffe du genre de celui qui figure dans le portrait que Van Dyck fit de Maria Luisa de Tassis ; ces Éventails avaient des manches

d'ivoire ou même d'or, très ornés et quelquefois enrichis de pierreries. « On employait des plumes d'autruche, de paon, de corbeau des Indes, de perroquet et d'autres oiseaux de plumage éclatant. Les dames attachaient ces Éventails à une petite chaîne accrochée à la grosse chaîne d'or qui leur servait de ceinture », mode qui dura longtemps après.

Nous devons remarquer que *l'Esmouchoir* était déjà en usage en France au XIIIᵉ siècle. On trouve des preuves de son emploi dans la vie privée au XIVᵉ siècle. La comtesse Mahaut d'Artois avait un Esmouchoir à manche d'argent et la reine Clémence un « Esmouchoir de soye broudé ». Sur l'Inventaire du roi Charles V (1380) on trouve un « Esmouchoir rond qui se ploye, en yvoire, aux armes de France et de Navarre, à un manche d'ybenus ». Ces Esmouchoirs étaient formés de lamelles d'ivoire minces et mobiles.

Il est digne de faire mention de ce fait que Rabelais écrit le mot *Esventoir* et *Esventador* pour porteur d'Esventoir, tandis que Brantôme est peut-être le premier qui se soit servi du mot *Éventail* lorsqu'il parle, dans ses *Mémoires*, de l'Éventail dont la reine Marguerite fit présent à la reine Louise de Lorraine pour ses étrennes, et qu'il représente cet Éventail comme étant fait de nacre, de perles, et si beau et si riche

« qu'on disoit être un chef-d'œuvre, et l'estimoit plus de 1,200 écus ».

C'est Catherine de Médicis qui mit en vogue, en France, les Éventails italiens entourés de plumes, que tous les parfumeurs qu'elle avait amenés à sa suite fabriquaient et vendaient aux dames et à tous les jeunes seigneurs de la cour.

Quelques dessins du temps représentent la reine mère recevant de façon altière les saluts de ses courtisans, tandis que d'une main elle agite sur sa gorgerette un grand Éventail plissé. L'Éventail nous semble avoir eu, à ses yeux, un charme tout particulier, car Brantôme nous apprend encore dans ses *Mémoires* qu'après la mort du roi son mari, la fastueuse *Florentine* avait fait mettre autour de sa devise des miroirs cassés, des Éventails et des panaches rompus... « le tout, ajoute le gaudrioliste et piquant historiographe des *Dames galantes,* en signe manifeste de quitter toutes bombances mondaines ».

Henri Estienne, dans ses *Deux dialogues du nouveau langage françois, italianizé et autrement déguizé,* ne manque pas de dire également : «Nos dames françoises doivent

aux dames italiennes cette invention d'Éventails ;
les Italiennes la doyvent aux anciennes Romaines ;
ces dames de Rome la devoyent aux dames de
Grèce...., plusieurs dames les ayment tant,
continue-t-il, de la façon qu'elles les font
faire maintenant que, l'hyver venu, elles ne
les peuvent abandonner, mais s'en estant
servi l'esté pour se faire vent et contre chaleur du soleil, les font servir l'hyver contre
la chaleur du feu. »

Le roi Henri III, ce dépravé et cet
efféminé qui portait des gants et des mas-
ques enduits de cosmétiques et de pâtes
émollientes pour adoucir la peau, *sortait
souvent en forêt, entouré de ses mignons,
de ses pages et de ses fauconniers un Éventail à la main*, et il s'en servait avec des
gestes alanguis et des souplesses féminines.

Pierre de l'Estoile (dans *l'Isle
des Hermaphrodites*, 1588), parlant de cet homme-femme qui
se couvrait de colliers de
perles, de bagues, de
boucles d'oreilles,
de *bourrets* de

velours et de *bichons* qui frisottaient au-dessus des tempes, dit à ce sujet : « On mettoit à la main droite du roy un instrument qui s'estendoit et se replioit en y donnant seulement un coup de doigt, que nous appelons ici un Esventail; il estoit d'un velin aussi délicatement découpé qu'il estoit possible, avec de la dentelle à l'entour, de pareille estoffe. Il estoit assez grand, car cela devoit servir comme d'un parasol pour se conserver du hasle, et pour donner quelque rafraîchissement à ce teint délicat.... Tous ceux que je pus voir aux autres chambres en avoient un aussi de mesme estoffe, ou de taffetas avec de la dentelle d'or et d'argent tout à l'entour. »

C'est apparemment aussi de l'Éventail que Agrippa d'Aubigné entend parler sous la désignation du mot *parasol*, lorsqu'il s'écrie dans une de ses véhémentes et superbes apostrophes des *Tragiques* :

Fais-toi dedans la foule une importune voye,
Te monstre ardant à voir afin que l'on te voye,
Lance regardz tranchants pour estre regardé,
Le teint de blanc d'Espagne et de rouge fardé.
Que la main, que le sein y prennent leur partage ;
Couvre d'un parasol en esté ton visage.
Jette (comme effrayé) en femme quelques cris,
Mesprise ton effroy par un traistre sousris ;
Fais le bègue, le las, d'une voix molle et claire ;
Ouvre ta languissante et pesante paupière ;

Sois pensif, retenu, froid, sec et finet :
Voilà pour devenir garce du cabinet
A la porte duquel laisse Dieu, cœur et honte,
Ou je travaille en vain en te faisant ce conte.

Les Éventails, alors en usage dans ce royaume
des fraises empesées et godronnées et de toutes
les extravagances efféminées de la parure, étaient
l'*Éventail à touffe* de plumes, très élégant, de
forme bombée et à manche de bois ou de métal
précieux ; l'*Éventail plissé* ou *Éventail de Fer-*
rare qui affectait une forme de patte d'oie très
curieuse, à poignée ronde et qui se portait à une
chaîne d'or attachée à la ceinture, assez semblable à ces chaînes dites *Jeanne d'Arc,* qui
furent de mode il y a quelques années ; l'*Éven-*
tail Girouette enfin, ou Éventail en forme de
drapeau qui était confectionné de drap d'or ou
d'étoffe de soie et dont on retrouve l'aspect dans
la *Femme du Titien,* ce chef-d'œuvre qu'on peut
voir au musée de Dresde et que la gravure
d'ailleurs a grandement popularisé.

C'est en Italie surtout que l'on trouve cet
Éventail dans les mains de toutes les nobles
dames de Florence, de Venise, de Vérone, de
Naples ou de Mantoue vers la fin du XVIe siècle.

C'est dans cette Italie poétique, qui fournit
encore à l'imagination romantique des peintres
d'Éventails modernes toutes ces jolies *scènes*

d'amour ou de guet-apens, ces clairs de lune dramatiques où l'on voit Giulietta au bras de Roméo, ces gouaches bleues ou lilas tendre sur satin, et ces camaïeux exquis que le talent des aquarellistes éparpille sur le vélin ou la faille des Éventails qui briguent une coquette et luxueuse monture.

C'est en Italie que l'Éventail à girouette prit le plus de développement. Dans ce temps-là, on portait fréquemment, au lieu d'écharpes ou de ceintures, des chaines d'or de grand prix et travaillées à jour, auxquelles les dames suspendaient des clefs artistement ouvragées, ou d'autres jouets profanes ou sacrés.

De là vient, dit l'auteur de *l'Armoire aux Éventails*, que ces bijoux eurent aussi souvent l'honneur d'être attachés sur les hanches d'une jolie femme, avec une petite chaîne attenant à celle qui ceignait le corps. C'est pourquoi il y avait à l'extrémité du manche un grand anneau. « Hommes et femmes portent des Éventails, écrit d'Italie le *traveller* Coryat ; presque tous ces Éventails sont élégants et jolis. La monture se compose d'un morceau de papier peint et d'un petit manche de bois, et le papier collé dessus est des deux côtés orné d'excellentes peintures, ou de scènes d'amour avec des vers italiens écrits au-dessous. »

Une de ces peintures d'Éventail italien, que nous avons pu remarquer dans la riche collection d'un amateur, représente une scène qu'on croirait puisée dans les *Ragionamenti d'amore* de Firenzuola ou échappée de quelque nouvelle de Bandello, de Boccace ou de Batacchi. Ce sont des *Femmes au bain* qui s'esbattent sur la verdure sans se douter que l'œil curieux d'un gentilhomme enamouré les guette à travers la ramure.

« En France, remarque M. Natalis Rondot, l'usage des Éventails était devenu sous Henri IV assez général pour donner lieu à une fabrication qui avait acquis de l'importance. Le droit de l'exercer était revendiqué par quatre ou cinq corps de métiers, et notamment par les maitres doreurs sur cuir, qui se fondaient sur l'article XII de leurs statuts donnés en décembre 1594 :

« Pourront garnir.... Esventails faits avec canepin, taffetas ou chevrottin, enrichis ou

enjolivez, ainsi qu'il plaira au marchand et sei-
gneur de commander. »

L'Éventail apparaît dans notre poésie française, dans Ronsard et du Bartas qui parlent des
Esventaux de l'air en voulant désigner les
zéphyrs rafraîchissants; mais c'est assurément
chez Remy Belleau, dans la *Première Journée*
de sa *Bergerie,* imprimée en 1572, que nous
trouvons la plus ancienne et la plus charmante
mention de *l'Éventail* sous forme de chanson.
Il s'agit d'un berger amoureux qui surprend
trois nymphes à l'ombre d'un grand orme che-
velu, leur fait la révérence et leur baille trois
panaches de plumes accompagnés d'un « petit
escrit où estoyent ces petits vers ».

> Volez, pennaches bienheureux,
> Volez à ces cœurs amoureux,
> Et saluez leur bonne grâce;
> Puis, baisant doucement leurs mains,
> Faites tant que dedans leurs seins
> Vous puissiez trouver quelque place,
>
> Afin que si l'amour vainqueur
> Leur pouvoit échauffer le cueur
> De mesme feu dont il m'allume,
> Vous puissiez, pour les contenter,
> Gentillement les éventer
> Par le doux vent de votre plume.
>
> Ne pensez ce présent nouveau
> Estre fait de plumes d'oiseau;
> Amour, de ses plumes légères,
> L'a fait pour ne voler jamais,

Laissant en vos mains désormais
Toutes ses ailes prisonnières.

N'ayez donc crainte que l'amour,
Qui ne vouloit faire séjour
Ici comme oiseau de passage,
Soit maintenant en liberté,
Pour que vous teniez arresté
Le vol léger de son plumage.

Mais ce n'est plus principalement dans les
bois mythologiques, où Pan, le grand veneur,
les satyres, sylvains, dryades, hamadryades et
autres déités, si fort en honneur parmi les poètes
de la Pléiade, se confondent dans des bergeries
et des idylles douceureuses, que nous trouvons
l'Éventail cinquante ans plus tard. — Au
xviiᵉ siècle, il acquiert droit de cité dans notre
littérature; il se glisse non seulement dans les
pastorales de *l'Astrée*, dans la *Cythérée* ou le
roman d'*Ariane*, dans *Endymion, Polexandre*
ou la *Caritée*, dans les petits madrigaux confits
de miel, dans les pointes et les bouts-rimés, dans
les dissertations des Ménage, des Balzac, des
Pellisson et des Conrart, dans les épîtres de
Voiture, de Scudéry et même de Mᵐᵉ de Sévigné;
mais bien mieux, il entre triomphalement en
scène à l'hôtel de Rambouillet où les *Zéphirs*
(comme on nommait les Eventails en style précieux) s'agitent sur le visage de la marquise de
Rambouillet, de la belle Julie d'Angennes, sa

fille ou de Mlle Paulet ; il se retrouve partout dans
les Mémoires et les Anecdotes plaisantes de Tallemant des Réaux, il s'étend enfin jusqu'à prendre
une importance exceptionnelle, à compléter le jeu
des acteurs et à en affirmer le langage dans les
merveilleuses comédies de notre grand Molière.

Se représente-t-on *les Précieuses ridicules* ou *les
Femmes savantes* sans le *nécessaire* spirituel qui voltige, assure le geste et s'identifie à l'action ? — Voit-on
par exemple, dans la première de ces pièces, Cathos
et Madelon privées de ce joli colifichet qui se déploie
si à propos en leurs mains avec le bruissement d'ailes
de tourterelles effarouchées, lorsque Mascarille,
mettant sans façon la main sur le bouton de son
haut-de-chausses, ose s'écrier grossièrement, comme
un laquais qu'il est :

Je vais vous montrer une furieuse plaie… !

Conçoit-on encore dans *les Femmes savantes*
Bélise, Armande et Philaminte sans le long Éventail du temps, lorsque les trois bas bleus du grand
siècle analysent à tour de rôle, à moitié pâmées, les
accablantes beautés du fameux *Sonnet à la princesse
Uranie sur sa fièvre* :

Votre prudence est endormie
De traiter magnifiquement
Et de loger superbement
Votre plus cruelle ennemie.

C'est ici le triomphe du jeu de l'Éventail, et

cette étonnante scène 11 du IIIe acte des *Femmes savantes* perdrait au théâtre une bonne partie de son succès et de son entrain charmant si on en retirait les accents particuliers et piquants que donnent aux exclamations de Bélise ou de Philaminte les voltiges, les soubresauts, l'ampleur et la fébrilité des Éventails maniés, ouverts, fermés, abandonnés, repris avec l'expression de l'enthousiasme, de l'alanguissement, de la pâmoison ou du délire le plus vif. L'Éventail est, dans cette scène terrible et hérissée de difficultés, pour une actrice ce que le balancier est à un équilibriste; sans lui, toute assurance tombe. Un général privé de son épée de commandement serait moins embarrassé qu'une Armande sans son Éventail, et Trissotin se verrait lui-même tout penaud si le célèbre :

Faites-la sortir, quoi qu'on die,

n'était pas ponctué, repris par ses trois admiratrices, paraphrasé, scandé très lentement par le va-et-vient et le malicieux cli-cli des Éventails.

Le règne de l'Éventail au théâtre avait au reste commencé bien avant Molière et dans les *entrées* mythologiques des *ballets* composés spécialement pour les menus plaisirs de Sa Majesté, qui y jouait ou y dansait assez volontiers un rôle, la déesse, la nymphe ou la bergère mise en scène apparaissait, dans l'accoutrement de son costume bizarre, munie d'un long Éventail à la mode qui lui servait de

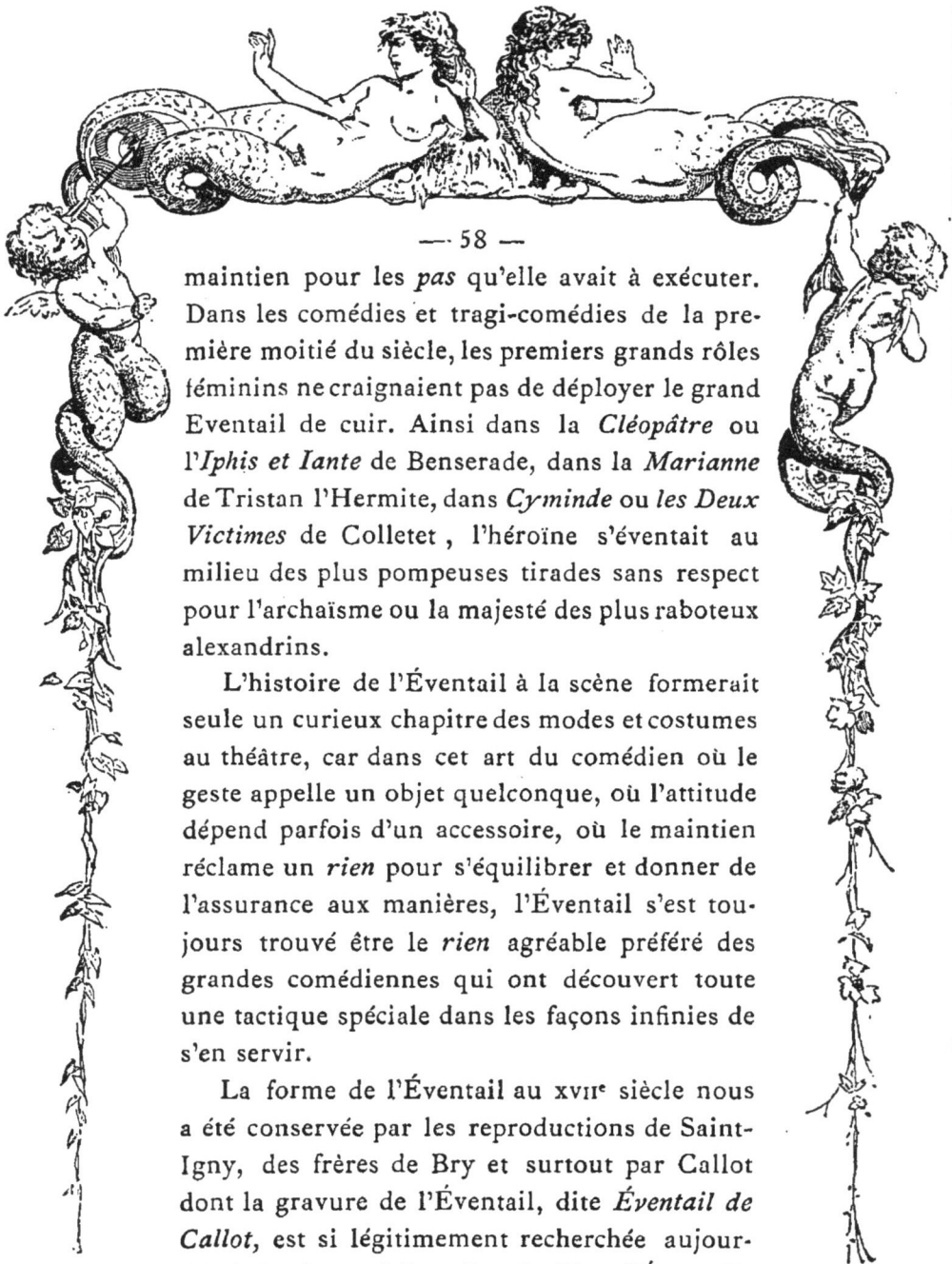

maintien pour les *pas* qu'elle avait à exécuter. Dans les comédies et tragi-comédies de la première moitié du siècle, les premiers grands rôles féminins ne craignaient pas de déployer le grand Eventail de cuir. Ainsi dans la *Cléopâtre* ou l'*Iphis et Iante* de Benserade, dans la *Marianne* de Tristan l'Hermite, dans *Cyminde* ou *les Deux Victimes* de Colletet , l'héroïne s'éventait au milieu des plus pompeuses tirades sans respect pour l'archaïsme ou la majesté des plus raboteux alexandrins.

L'histoire de l'Éventail à la scène formerait seule un curieux chapitre des modes et costumes au théâtre, car dans cet art du comédien où le geste appelle un objet quelconque, où l'attitude dépend parfois d'un accessoire, où le maintien réclame un *rien* pour s'équilibrer et donner de l'assurance aux manières, l'Éventail s'est toujours trouvé être le *rien* agréable préféré des grandes comédiennes qui ont découvert toute une tactique spéciale dans les façons infinies de s'en servir.

La forme de l'Éventail au xviie siècle nous a été conservée par les reproductions de Saint-Igny, des frères de Bry et surtout par Callot dont la gravure de l'Éventail, dite *Éventail de Callot,* est si légitimement recherchée aujourd'hui des iconophiles. Les feuilles d'Éventails étaient alors de cuir, de canepin, de frangipane

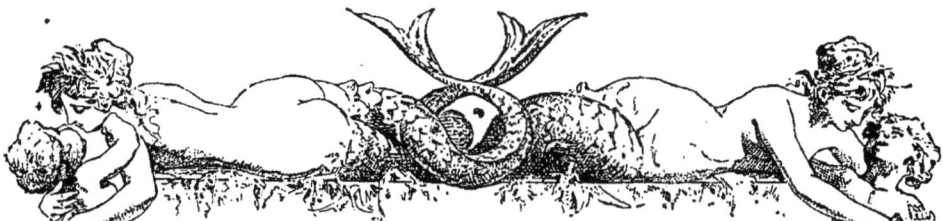

parfumée, de papier ou de taffetas et les montures étaient fabriquées avec l'ivoire, l'or, l'argent, la nacre et le bois de calembour dont Hugo, dans *Ruy-Blas*, a fait une rime si riche et qui parut si originale à ce vers :

A monsieur mon père l'électeur de Neubourg.

Les Éventails du xviie siècle au reste ne sont pas rares; on en trouve de très jolis spécimens dans les collections des grands amateurs et ceux que Mme de Sévigné envoya à Mme de Grignan sont encore pieusement conservés en Provence à l'égal des objets historiques.

Parmi les romans du temps, enrichis de figures en taille-douce, ou de vignettes sur bois, on retrouve toujours l'*Éventail* aux mains des dames de noble lignée. Dans les illustrations de Nanteuil, de Chauveau, de Lepautre, surtout dans l'œuvre gravé de Sébastien Le Clerc, l'Éventail est représenté comme le complément indispensable du costume, aussi bien dans l'apparat d'une duchesse à tabouret que dans l'ajustement plus modeste de quelque honnête bourgeoise. Tantôt fermé, tenu avec négligence, dans l'abandon du bras mi-nu, faisant valoir la délicatesse et la blancheur de la main qui s'y allonge; tantôt entr'ouvert sur le corsage, tantôt jeté à terre ou bien encore émergeant d'une toilette de promenade, d'un fouillis de dentelles ou des

draperies d'une large
mante alors de mode.

Lorsqu'on regarde atten-
tivement la belle collection
de costumes du xviiᵉ siècle de
Sébastien Le Clerc, on demeure
frappé de l'importance que cet
artiste, plus que tout autre, a
donnée à l'Éventail et de la variété d'allure qu'il a mise
dans le maintien de cet aimable *indispensable*.

Dans le langage des ruelles, l'Éventail était surnommé
le *paravent de la pudeur* ou *l'utile Zéphyr*, de même que
l'écran devenait *la contenance utile des dames quand elles
sont devant l'élément combustible*. Lorsqu'une précieuse
était assaillie par un *Amilcar* qui avait, comme on disait
alors, « dix mille livres de rente en fonds d'esprit qu'aucun
créancier ne pouvait saisir ni arrêter », elle se renversait
sur son siège et faisait passer l'expression de toutes ses
sensations intérieures dans le *papillonnement* de son
Éventail, pour montrer combien elle était pénétrée par
des sentiments si joliment dictés.

Doralise ou Florelinde se rendaient-elles au cours
à cet *Empire des œillades*, qu'on nommait aussi *l'Écueil
des libertés*, elles se gardaient fort d'oublier le précieux
Éventail qui les devait si bien servir dans les rencontres
des fieffés galants qui pouvaient leur conter fleurettes et
leur *pousser le dernier doux*.

C'est au Cours qu'il fallait voir l'Éventail, sous la Fronde, où la paille était signe de ralliement ; un fragment de la *Couleur du Parti* nous en fournit une idée.

« Au bout de quelques minutes, dit l'historien auteur de ce pamphlet, nous entrâmes dans le Cours et nous vîmes au milieu de la grande allée une foule prodigieuse rassemblée en groupes, applaudissant avec enthousiasme et criant : « Vivent le roi et les princes ! Point de Mazarin ! » Nous approchâmes ; Frontenac, attaché à Mademoiselle, vint nous dire que cette joie tumultueuse était excitée par Mademoiselle, qui se promenait en tenant un Éventail auquel était attaché un bouquet de paille noué avec un ruban bleu. »

On voit dans ces quelques lignes la première apparition de l'Éventail politique, que nous retrouverons plus tard à une période plus profondément troublée que celle de la Fronde, sous la grande Révolution.

Que de petits vers gracieux, d'énigmes, d'épigrammes, de sonnets inspirés par l'Éventail à cette époque ! Voici d'abord le madrigal d'un poète dameret, d'un *mourant* du jour, du petit abbé d'épée Mathieu de Montreuil, qui s'excuse languissamment, en remettant un Éventail à une dame, de le lui avoir dérobé un instant.

Oyons ce délicat impromptu :

> J'ai pris votre Éventail, Madame,
> Mais ne soyez pas en courroux ;
> Songez à mon ardeur, considérez ma flamme,
> Vous verrez que j'en ai bien plus besoin que vous.

N'est-ce pas adorablement coquet et coquin ? Le *Recueil de Sercy* contient cette autre pièce, signée A. L. D., initiales qui ne nous révèlent aucun des poètes d'alors :

> Ce petit vent délicieux
> Qui vous rafraîchit le visage
> Ne fait qu'augmenter davantage
> Le feu qui brille dans vos yeux.
>
> Ainsi l'espoir assez souvent,
> Qui flatte l'ardeur de mon àme,
> Ne fait qu'en augmenter la flamme,
> Car cet espoir n'est que du vent.

Ceci est plus quintessencié, plus *enlabyrinthé, Sapho* eût applaudi le ragoût de sentiments qui se trouve dans ces vers; mais les délicats rédacteurs de la *Gazette du tendre* les eussent peut-être légèrement critiqués.

Voici venir l'abbé Cotin, l'infortunée victime de Boileau et de Molière, qui, dans son *Recueil d'énigmes,* a conservé celle-ci sur l'Éventail écran qui ne servait alors qu'en hiver.

> On embellit mon corps pour l'exposer aux flàmes
> Et souvent on le peint de diverse couleur.
> Mon service important augmente ma valeur,
> Et j'empêche Vulcain d'attenter sur les dames.

Je suis à ton secours lorsque tu me réclames
Afin de modérer l'excès de ma chaleur.
Favorable aux amants, je conserve la fleur
Et l'éclat des beautés qui règne sur leurs âmes.

On me tient comme un sceptre et la nuit et le jour,
On me demande aux champs, à la ville, à la cour.
Ce qui me fait valoir, c'est la flamme et la glace.

Quand le cruel hiver tient le monde en prison,
C'est alors qu'on m'ajuste et que j'ai bonne grâce ;
Mais chacun m'abandonne en la belle saison.

Pas trop mal en vérité pour le pauvre *Trissotin-Cotin?* Mais les énigmes pleuvent dru dans la *Cresme des bons vers* ou l'Élite des poésies du temps.

Voici une autre énigme, sonnet anonyme sur l'Éventail, daté de 1659.

Je suis brave, mignon, beau, gentil et pompeux,
Aimé des gens de cour, chéri des demoiselles ;
Je me plais dans les mains des déesses mortelles,
Qui captivent les grands et reçoivent leurs vœux.

Ces belles ne sauraient marcher un pas ou deux,
Qu'il ne faille toujours que je sois avec elles,
Soit pour m'entretenir de mes modes nouvelles,
Soit pour leur faire part de mes soupirs venteux.

Je les baise à tous coups, à tous coups je les flatte
Et presse de leur sein la rondeur délicate
Que les plus favoris n'oseraient pas toucher.

Mais ce qui me plaît mieux, et que je ne puis faire,
Je puis à mon plaisir leur devant émoucher
Sans que pas un me puisse empêcher de le faire.

Tous ces madrigaux, qu'on peut cueillir à l'infini dans les petits sentiers fleuris des *Parnasses* du temps, indiquent que l'Éventail fut toujours mêlé aux choses de l'amour et de la galanterie et qu'à la jeune cour de Louis XIV, il servait aussi bien de prétexte aux tendres déclarations qu'il pouvait parer à l'effet des trop brusques aveux.

Dans les premières amours du roi avec Mlle de Mancini, amours exquises et pures à l'aurore du grand règne, un anecdotier nous représente la véritable *Scène de chasse*, depuis mise au théâtre par d'habiles faiseurs; les deux amoureux se sont égarés comme deux tourterelles sous la ramée et chevauchent côte à côte dans un joli taillis tout joyeux d'un gazouillis d'oiseaux. La nièce de Mazarin, rêveuse, met au pas sa blanche haquenée et le jeune prince la complimente doucement de sa grâce à tenir d'une main son Éventail et ses brides soyeuses.

Cette version, si différente de celle qui nous montre l'entrevue sous un orme séculier pendant un orage, mérite d'être consignée. Ici l'Éventail joue encore son rôle historique; l'amour incertain, ne sachant sur quel sujet prononcer les premiers murmures, a choisi l'Éventail comme un oiseau inquiet qui se pose sur la première petite branche qu'il trouve à sa portée.

On commençait
alors, dans l'industrie des
Éventaillistes, à peindre sur
des feuilles d'étoffe ou de soie
des fleurs, des oiseaux, des paysages,
des scènes mythologiques, tout ce que l'art
décoratif pouvait puiser dans le domaine des grâces
et des amours. — En 1678, quelques doreurs s'étant
adjoint des ouvriers exerçant la profession d'éventaillistes, demandèrent et obtinrent du roi d'être
érigés en communauté particulière, sous le titre de
Maîtres éventaillistes, par lettres patentes des 15 janvier et 15 février de cette même année 1678.

D'Alembert prête à la reine Christine de Suède
une saillie brutale qui n'avait pas peu contribué,
paraît-il, à remettre les Éventails en grande vogue
à la cour pendant toutes les saisons. Dans ses *Réflexions et Anecdotes sur la reine de Suède*, il raconte
que, durant son séjour à la cour vers 1656, plusieurs
dames de haut rang, ignorant l'antipathie profonde
que la fille de Gustave-Adolphe avait pour tous les
procédés et usages féminins, la consultèrent pour
savoir si la coutume de porter l'Éventail devait être
adoptée aussi bien en hiver qu'en été : « Je ne crois
pas, aurait répondu rudement Christine; vous êtes
déjà assez éventées sans cela. »

C'était une injure dont les femmes du xviie siècle
voulurent se venger, et de là viendrait cette fureur

de porter des éventails en toutes saisons qui subsiste encore aujourd'hui. Cette brusque repartie de Christine rappelle à la mémoire une seconde anecdote qui montre le ridicule mépris de cette reine pour la coquetterie de l'Éventail.

Lorsque Michel Dahl, peintre suédois, fit à Rome le portrait de l'altière souveraine, il lui proposa respectueusement de lui faire tenir en main un Éventail. A ce mot Christine bondit : « Qu'est-ce à dire? s'écria-t-elle, un Éventail ! Jamais! donnez-moi un lion : c'est le seul attribut qui convienne à une reine telle que moi. » Dans les *Métamorphoses françoises*, nous cueillons ce joli sonnet, qui indique assez par son esprit que l'Eventail fut alors synonyme d'inconstance et de légèreté :

Ce léger Éventail fut un jeune inconstant
Assez favorisé de toutes ses maîtresses,
Mais parce que son feu ne durait qu'un instant,
Il n'en eut que du vent après mille promesses.

Tantôt il se resserre et tantôt il s'étend,
Il use de scrupule, il use de finesse ;
Et puis, dès que l'amour le veut rendre content,
Il devient insensible à toutes ses caresses.

Il avance lui-même et détruit son travail,
Enfin cet éventé se change en éventail
Et sa légèreté paraît toujours extrême.

Chaque dame a sur lui son pouvoir essayé ;
Mais il fait pour autrui ce qu'il fit pour lui-même
Et paye avec du vent comme il en fut payé.

Les Éventails étaient très variés ; les montures se faisaient d'ivoire, d'écaille ou de nacre sculptée, jusqu'à produire les dentelles les plus fines. On peignait les feuilles à la gouache sur satin ou vélin, et on usait beaucoup des peaux de senteur qui provenaient généralement des parfumeries de Grasse. C'est ainsi que Mlle de Montpensier, dans ses *Mémoires,* cite ce fait caractéristique qui rappelle les terribles douleurs et le mal dévorant de la reine Anne d'Autriche :

« Quoique la reine mère tînt toujours dans ses mains un Éventail de peau d'Espagne parfumée, cela n'empêchait pas que l'on sentît sa plaie. »

Il y avait encore, en dehors des peaux de senteur, les Éventails à plumes et les Éventails-lorgnettes, au travers desquels les prudes plongeaient un regard indiscret, s'il faut en croire cette note du *Ménagiana :*

« Les Éventails à jour que les femmes portent quand elles vont à la porte Saint-Bernard pour prendre le frais sur le bord de la rivière, et par occasion pour voir les baigneurs, s'appellent des Lorgnettes. Ce temps de bains dans certains almanachs se nommait *Culaison.* » — *(Canicule* est encore préférable à ce vilain vocable.)

Au début du règne de Louis XIV, les rubans foisonnaient partout sur les robes, hauts-de-chausses et tous les menus objets de la toilette.

L'Éventail avait également son ruban, que l'on nommait *badin*. Une anecdote donne à ce qualificatif du ruban de l'Éventail une origine qui remonterait au cardinal de Richelieu, dont les jeunes chats, qui l'égayaient si fort dans ses sombres préoccupations, se mirent un jour par folâtrerie à lacérer dans leurs ébats le ruban de l'Éventail d'Anne d'Autriche, alors en conférence avec le grand ministre.

Que de souvenirs laissés par l'Éventail dans les amours royales et les romans-anecdotes qui semblent déchirer les pages de l'histoire !

Mḧ de Genlis, dans *La Duchesse de La Vallière*, met en scène Madame et la maîtresse du jeune roi, dans un ingénieux chapitre dont nous détacherons ce fragment :

« Les deux jours suivants, Madame ne recevant que sa société particulière, Mᴿ de La Vallière ne se présenta point chez elle ; mais le lendemain, jour de grand cercle, elle s'y rendit. Elle savait que le roi n'y viendrait pas, et, pour la première fois, elle se para de superbes bracelets qu'elle avait reçus de lui et que, jusqu'à ce jour, elle n'avait jamais osé porter. Mᴿ de La Vallière avait des mains et des bras d'une beauté incomparable, et cette éclatante parure les rendait plus remarquables encore. Elle avait des gants, et, pour éviter tout air d'affectation, elle se décida à ne les ôter qu'en se mettant au jeu. Mais le

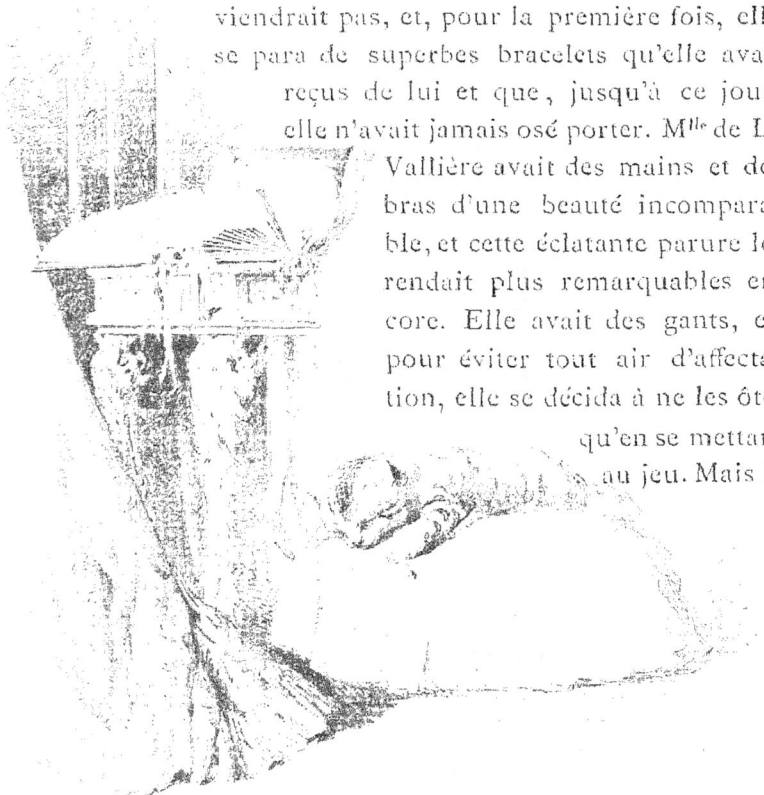

hasard lui en fournit une autre occasion plus naturelle. Madame, au moment où l'on arrangeait les tables de jeu, parcourait le cercle pour parler aux dames qui lui faisaient leur cour. Elle laissa tomber son Éventail, Mlle de La Vallière, qui en cet instant se trouvait à deux pas d'elle, s'avance, se baisse, ôte son gant, suivant l'étiquette, afin de lui présenter l'Éventail qu'elle ramasse et qu'elle lui offre. La vue du magnifique bracelet dont on avait conservé un souvenir si vif fit sur Madame une si fâcheuse impression, qu'elle ne put se résoudre à recevoir son Éventail d'une telle main. Elle jeta sur Mlle de La Vallière un regard étincelant de dépit et de colère, en lui disant de poser l'Éventail sur une table. Mlle de La Vallière obéit sans s'émouvoir. »

Bussy-Rabutin fourmille de pareilles anecdotes, et Saint-Simon en a semé ses Mémoires. Partout l'Éventail se joue, tenu par l'amour, dans l'histoire de notre société polie et dans les annales de la galanterie.

Dans une des grandes fêtes célébrées à Marly, Louis XIV fit hommage à la duchesse de Bourgogne d'un Éventail de la Chine, en y joignant, en aimable *madrigalier* qu'il était, ce dizain, sans doute composé « par ordre » selon le goût du roi :

> Pour chasser en été les mouches fatigantes,
> Pour garantir du froid quand les soleils sont courts,
> Princesse, les Chinois vous offrent du secours
> De leurs façons les plus galantes.
> Ils vous auraient voulu faire d'autres présens,
> Pour chasser de la cour flatteurs et froids plaisans.
> De leur industrie éprouvée
> C'eût été la perfection.
> Mais quoi ? c'est une invention
> Qu'ils cherchent sans l'avoir trouvée.

Louis XIV ne connaissait pas encore la devise de

l'Académie de Filiponi, amateur du travail des Faenza, qui avaient mis sur la médaille de leur société une ailé placée en Éventail, dont une main chasse les mouches avec cet exergue : *Fugantur desides* : on chasse les fainéants.

L'Éventail était aussi bien employé en Angleterre qu'en France au xviie siècle, et pour revenir en arrière, nous le voyons en usage dans ce pays dès le temps de la reine Élisabeth. Comme il était monté sur or et argent et ordinairement orné de joyaux, un Éventail était de bonne capture pour les pick-pockets dù temps ; ce qui explique un passage des *Merry wives (les joyeuses commères de Windsor)*, où Falstaff dit à Pistol, son compagnon d'escroquerie : « Dame Brigitte s'étant aperçue que le manche de son Éventail lui manquait, j'ai protesté sur mon honneur que tu ne l'avais pas volé. » — Malone, l'un des plus érudits commentateurs de Skakespeare, remarque en interprétant ce passage dans les *scolies de Murston* que, du temps de la reine Élisabeth, un pareil Éventail se payait quelquefois jusqu'à quarante livres sterling (1,000 francs, c'est-à-dire près de cinq mille francs de notre monnaie actuelle.)

En 1628, parut un ouvrage intitulé : *l'Éventail satyrique*, fait par le nouveau Théophile, que nous avons pu lire dans les *Variétés historiques et littéraires* du regretté Édouard Fournier, qui

a songé à réimprimer cet intéressant opuscule dans ce recueil. Il n'y est aucunement question de l'Éventail et nous ne citons cette *plaquette* que pour mémoire. La première pièce est une satire assez vive contre le luxe des femmes.

La deuxième pièce, qui est en prose, a pour titre : *Apologie pour la satyre*. L'auteur s'y félicite d'avoir contribué pour sa part à la réformation du luxe. La troisième et dernière pièce, en vers, est une consolation adressée aux dames sur la réformation des passements et habits prescrite par un édit du roi. Cette pièce est très inférieure à la première, qui a de l'énergie et un grand cynisme d'expression.

Il serait difficile de citer ces stances, d'une vigueur d'allure et d'une gaillardise qui scandaliseraient évidemment notre époque. Ce sont là des pièces à insérer dans le superbe Parnasse satyrique du XVIIᵉ siècle, en compagnie des chefs-d'œuvre poétiques des Motin, des Berthelot, des Régnier, des Sigogne et de tous ces joyeux vivants que rien n'épeutre et qui *désemmaillotent* habilement les termes précieux pour rester vrais et puissants dans leur *Mâleté* d'écrivains.

Les superbes gravures d'Abraham Bosse, si précieuses pour l'histoire du costume en France au XVIIᵉ siècle, nous donnent une idée complète de la façon dont les femmes tenaient l'Éventail à la cour et au bal. Une estampe de ce célèbre

graveur nous présente même la *Galerie du Palais* ou la belle société faisait mine d'acquérir ses Éventails pour donner souvent le change à de galants rendez-vous :

Jcy faisant semblant d'acheter devant tous
Des gants, des *éventails*, du ruban, des dentelles.
Les adroits courtisans se donnent rendez-vous
Et pour se faire aimer galantisent les belles.

Dans les dessins et portraits de Huret, de Le Blond, de Wolfgand, de Saint-Jean, de Bonnard et Trouvain, de Sandrart ou d'Arnould, nous voyons, finement gravées au burin ou esquissées à la pierre d'Italie, des dames de qualité avec des tailles en pointes, ces fameuses tailles *guêpées* du XVIIᵉ siècle, les manches courtes et les amples jupes retroussées sur de plus étroites.

Toutes tiennent l'Éventail d'une main, soit fermé dans la pose du recueillement à l'église, soit entr'ouvert dans la réception du jour, soit étendu sur la robe falbalassée pour la promenade, soit simplement ouvert à la hauteur des pièces étagées de la *fontange*, soit enfin au spectacle, dans la salle des comédiens du Marais ou dans celle de l'hôtel de Bourgogne.

Au théâtre, comme de nos jours, il voletait doucement sur le sein ému des spectatrices et l'on pouvait entendre son joli petit bruit sec, son froufrou de soie froissée et le cliquetis de sa monture d'or ou d'ivoire, pendant qu'on allumait les chandelles

et que les spectateurs apprêtaient leurs sièges avec grand fracas, aussi bien qu'au cours même de la représentation, lorsque les marquis et tous les hauts personnages encombraient les côtés du premier plan de la scène.

Que serait-on devenue sans l'Éventail ? Quelle contenance tenir pour masquer sa pudeur à certains élans de gaieté gauloise ou aux saillies de quelques farces gaillardes ! Ne fallait-il pas applaudir ces adorables bouffons italiens, marquer la mesure des pastourelles de Lulli, brandir l'Éventail aux belles tirades de Baron, et s'exclamer à demi, mettant l'Éventail fermé sur sa bouche, lorsque Montfleury entrait en scène?

Mais cependant, sur la fin du siècle, grâce à l'austérité de Mme de Maintenon et à ses déclamations contre le luxe féminin, l'Éventail suivit la mode, devint moins grand et se fit plus modeste. La cour du vieux roi s'encapucina de tristesse; l'Éventail n'eut plus à s'étendre sur de jolies bouches joyeusement dilatées par un bon rire de jeunesse; il sombra un moment avec la disparition des soieries et des étoffes d'or, il se fit petit pour entrer au confessionnal, et, si un galant gentilhomme se risquait encore à envoyer un Éventail comme présent à une dame, il ne l'accompagnait plus d'un brûlant madrigal, d'un billet tendre ou d'une déclaration fugitive, comme au bon temps jadis; mais il y joignait dévotement, pour se faire pardonner sa hardiesse, quelques strophes philosophiques et morales dans le goût de celles que voici :

S'il est vrai que de tout nous pouvons profiter,
　　Lorsque nous avons l'âme bonne,
Vous aurez un sujet fort propre à méditer
　　Dans l'Éventail que je vous donne.

En vous servant de lui vous penserez souvent
　　Que ce monde n'est que du vent ;
Que toutes les beautés qu'éclaire la nature,
　　Dont l'éclat paraît si charmant,

Ne sont rien comme lui qu'une vaine peinture
　　Qui s'efface dans un moment.
L'Éventail de la vie est l'image accomplie :
Comme elle il se déploie, et puis il se replie,

Jusqu'à ce qu'il revienne à son premier repos.
Enfin il nous apprend, belle et sage Sylvie,
Ce que nous devenons à la fin de la vie,
N'étant plus comme lui qu'une peau sur des os.

Un Révérend eût signé ce singulier et philosophique madrigal. Pascal en eût félicité Jacqueline, la poétesse de sa famille : Mais qu'en eussiez-vous dit, La Vallière d'avant le repentir, gracieuse Fontange et ardente Montespan ? qu'en eussiez-vous dit, aimables coquettes de la vivante jeunesse de Louis, sinon qu'on se mourait à de tels discours, selon les termes de votre joli langage, dans un jeûne effroyable de divertissement.

Avec Philippe, grand duc d'Orléans, régent de France, l'aurore de nouvelles gloires se lève pour le plaisir, l'enjouement et la mutinerie féminine.

Dans un séjour consacré par les belles,
L'ingénieux et favorable amour,
Pour combler ses sujets de ses grâces nouvelles,
Vient d'établir une nouvelle cour.
Là, le déguisement des aimables mortelles
Est fatal aux époux, mais propice aux amants;
Et la divinité qui préside sur elles
Invite tous les cœurs à ses amusements.

A cette charmante Régence l'Éventail renaît, nous pourrions dire refleurit, plus brillant dans les mains des femmes; il y est tenu avec plus de hardiesse, plus de langueur, plus de grâce que jamais. On pourrait croire qu'on y a remplacé le ruban dit *Badin* par un des grelots empruntés à la jolie marotte du temps, car la folie en fait son attribut: une folie troublante et friponne, dont Eisen a personnifié l'image au milieu de ses belles vignettes, qui jettent la gaieté et apportent le décolleté du siècle dans une coquette édition de l'*Éloge de la Folie* d'Érasme.

La mode des Éventails se généralisa, dès la Régence, avec les raffinements du luxe et du bien-être; il devint dès lors le compagnon absolu des femmes. Il apparut avec elles jusque dans les orgies des petits soupers et les ivresses des déjeuners sur l'herbe; il demeura à leur côté sur les sofas et lits de repos, dans le déshabillé du petit lever et dans le badinage des conversations galantes.

L'abbé Ruccellai, Florentin, fondateur de

l'ordre des petits-maîtres et l'un de ceux qui apportèrent en France la mode des vapeurs, alla, avec un luxe que ne devaient pas dépasser plus tard les fermiers généraux Bouret et La Popelinière, jusqu'à faire servir sur sa table, les jours où il tenait joyeuse assemblée, de grands bassins de vermeil remplis d'essences, de parfums, de gants et d'Éventails, qui demeuraient à la disposition de ses convives musqués.

Les petits Éventails, qui avaient voltigé trop longtemps sous les coiffes noires de Mᵐᵉ de Maintenon, furent remplacés par des modèles plus élégants, mieux disposés, d'un coloris plus joyeux et de plus large envergure.

Les Éventails des Indes et de la Chine pénétrèrent à profusion en France, et l'art des éventaillistes parisiens acquit un goût suprême, une grâce exquise d'enjolivement et de délicatesse de travail. On emprunta à la Chine le genre d'Éventails dits *brisés*, et l'on peignit sur les fragiles feuilles de vélin, sur de fins papiers ou de fines mousselines, des merveilles incomparables d'un faire surprenant, d'une

conception et d'un
arrangement pres-
que toujours irréprochables.

Ce sont partout des fêtes
galantes, des scènes de l'Olympe
d'une nudité quelque peu libertine, des apo-
théoses azurées où les Grâces se multiplient, où
l'Amour distribue des baisers. Ici, c'est Amphi-
trite radieuse sur sa conque nacrée; là, Adonis
se meurt sous de lascives caresses; puis viennent les amusants personnages de la Comédie-
Italienne dans des paysages d'un vert idéal : les
Mezzetins, les Colombines, les Spavento, les
Léandres aux poses languissantes, qui semblent
soupirer pour des Isabelles passionnées et à la
fois friponnes. Ce sont encore des parties de
campagne, des chasses peuplées de chasseresses,
des plaisirs de l'Ile enchantée, des envolées
d'Amours sur des nuages roses, des *enguirlande-
ments* de fleurs qui encadrent de délicats médaillons, ou de larges cartouches rocaille représentant
des rendez-vous sous bois. Regardons : voici la Leçon
d'épinette, la Déclaration d'amour, ou le Billet doux
remis à la dérobée : tout cela dans une fraîcheur de

coloration, dans une finesse de touche qui éclatent avec puissance dans les milieux pour mourir doucement vers les parties extrêmes de la décoration.

Sur quelques Éventails se lisaient de petits vers galants; tels ceux-ci, signés par Lebrun et que nous avons vus écrits sur vélin, parmi des mignardises enjolivées :

Carite aux dents d'ivoire, aux lèvres de coràil,
Aux yeux doux, au teint vif.... laissons tout ce détail;
Se plaignait en été des chaleurs trop cruelles,
Et pour lui servir d'éventail
L'amour lui laissa ses deux ailes.

Dans le Mercure de France d'octobre 1730, on trouve ce détail curieux :

« Il y a des Éventails d'un prix considérable, qu'on porte encore excessivement grands, en sorte qu'il y a des petites personnes dont la taille n'a pas deux fois la hauteur d'un Éventail, ce qui doit tenir en respect les jeunes cavaliers badins et trop enjoués. »

C'est sans doute sur l'un de ces Éventails géants que Louis de Boissy, l'auteur du Babillard, écrivit ces vers coquets à une de ses maîtresses :

Deviens le protecteur de ma vive tendresse,
Bel éventail, je te remets mes droits;
Et si quelque rival avait la hardiesse
D'approcher de trop près du sein de ma maîtresse,
Bel éventail, donne-lui sur les doigts.

En dehors des Éventails signés par Watteau, Moreau, Lancret, Pater, Lemoine, Fragonard ou Baudoin, Gravelot, Gillot ou Eisen, en dehors de ces merveilles de l'art, il existait des Éventails à bon marcné, d'un prix de quinze à vingt deniers. La monture en était de bois incrusté d'ivoire, et sur la feuille de papier grossier on jetait pêle-mêle des fleurs, des trophées champêtres, de lourds médaillons ou des cartouches qui contenaient des chansons.

Vers le milieu du siècle, il y avait à Paris cent cinquante Maîtres-Éventaillistes, et d'après un ouvrage curieux, le *Journal du Citoyen*, publié à La Haye en 1754, nous pouvons reconstituer à peu près le prix des Éventails à cette époque.

Les Éventails en bois d'or se payaient de 9 livres à 36 livres la douzaine; ceux en bois de palissandre ne valaient que 6 à 18 livres. Pour les Éventails en bois demi-ivoire, c'est-à-dire les maîtres brins en ivoire et la gorge en os, on devait payer jusqu'à 72 livres; pour ceux entièrement fabriqués en ivoire, 60 livres, et même de 30 à 40 pistoles la douzaine; les feuilles étaient de peau parfumée ou de papier, et les montures se trouvaient souvent enrichies d'or, de pierres fines et d'émaux peints.

Les Éventaillistes furent réunis aux tabletiers et aux luthiers par l'édit du 11 août 1776, et,

par le même édit, la peinture et le vernis relatifs à ces professions leur furent attribués en concurrence avec les peintres-sculpteurs.

Il nous faut mentionner, sans nous y étendre (car l'étude des Éventails de ce genre nous demanderait plusieurs pages très abstraites), le fameux vernis très fin que le peintre en voitures Martin inventa à l'usage des éventails connus sous la dénomination d'*Éventails en vernis Martin*, et qui, par le brillant et la tonalité, rivalisent avec les plus belles laques de la Chine et du Japon.

C'est surtout au xviiie siècle que l'Éventail rentre dans la *Physiologie de la toilette féminine*, avec la boîte à mouches, les flacons de senteurs, les poudres ambrées et toutes les délicates armes de la femme que les amours apprêtent et qu'ils distribuaient autrefois aux mignonnes petites-maîtresses à vapeurs, lorsque celles-ci recevaient à leur toilette du matin l'espiègle abbé porteur de madrigaux et l'auteur à la mode, qui venaient admirer le petit air chiffonné de la belle *divine,* ou sa fraîcheur de *Dévote reposée.*

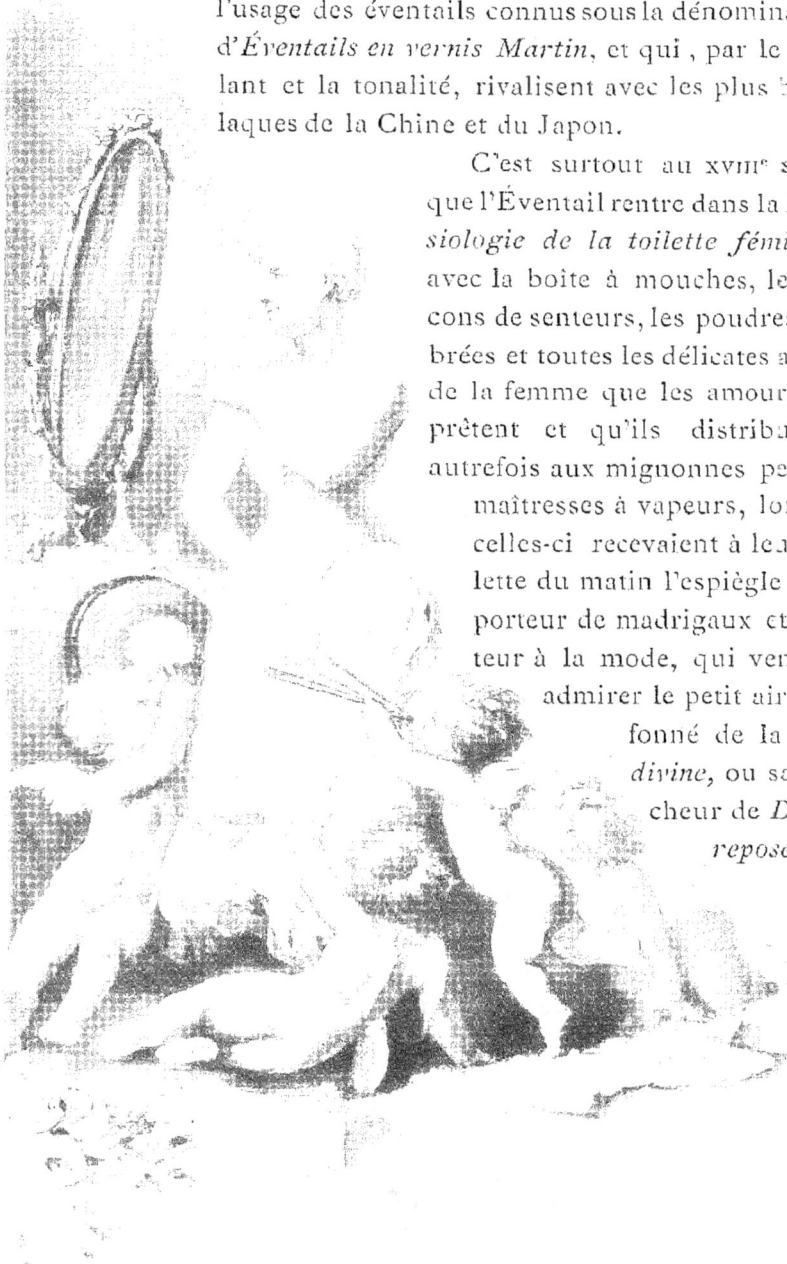

Dans les salons du siècle où l'esprit français brillait encore d'un si vif éclat, dans les hôtels de Nevers, de Bouillon ou de Sully à Paris, du château de Sceaux, chez la duchesse du Maine, dans toutes les sociétés choisies où la politesse, le bon goût et les talents se donnaient rendez-vous, l'Éventail déployait ses grâces entre les mains des jolies femmes. On se pâmait moins précieusement que dans le salon bleu d'Arthénice, mais on minaudait davantage, surtout lorsque ces dames formaient cercle pour entendre la lecture d'un poème ou d'un conte en vers que lisaient La Fare, Vergier, Jean-Baptiste Rousseau ou le petit abbé de Bernis, que Fariau de Saint-Ange appelait spirituellement : un poète à Éventail.

L'Éventail acquérait alors un charmant langage ; il soulignait les moindres nuances et les sentiments les plus divers. Parfois même il tombait à terre en signe de dépit, lorsqu'il s'agissait de définir une énigme versifiée dont il était l'objet, telle que la suivante, restée la plus célèbre, croyons-nous, de toutes celles du siècle faites sur le même sujet :

Mon corps n'est composé que de longues arêtes,
Et je n'eus de tous temps que la peau sur les os.
Je brille en compagnie, et sans aucun repos,
Dans le fort de l'été je suis de toutes fêtes.

6

Par un petit effort, je cause un doux plaisir,
Et dans plusieurs replis tout mon corps se rassemble;
Mes os par un seul nerf se tiennent tous ensemble,
Et sans les séparer on peut les désunir.
Sans avoir du serpent la prudence en partage,
Comme lui quelquefois je puis changer de peau,
Et, répandant aux yeux un nouvel étalage,
On ne me connaît plus, tant je parais nouveau.

On en donnait alors sa langue au chat, à moins qu'une petite-maîtresse ingénue ne poussât un εὕρηκα dans un cri de joie et ne mît son Éventail en avant comme solution au problème.

Rabener, dans ses *Satyres*, au chapitre : *Moyens de découvrir à des signes extérieurs les sentiments secrets,* n'a fait que donner une idée superficielle du langage des Éventails, dans ces quelques lignes que nous traduisons :

« Une femme qui critique la parure de celles de sa société a une manière particulière de jouer de l'Éventail. Ce meuble prend une toute autre tournure quand celle qui le porte est offensée. Quand une femme agite son Éventail et qu'en souriant elle regarde sa main et le miroir , c'est, selon moi, une preuve qu'elle ne pense à rien, ou, ce qui est la même chose, qu'elle ne pense qu'à soi, ou enfin qu'elle attend avec impatience l'heure à laquelle elle a donné rendez-vous. Quand une femme à la promenade rencontre un de ses soupirants et qu'elle laisse tomber son

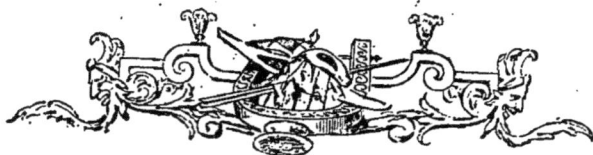

Éventail, c'est une invitation ; si elle y joint un coup d'œil, c'est une avance. Au spectacle, applaudir en frappant sa main de son Éventail veut dire : « l'auteur m'a fait une lecture ; il m'a dit que j'étais charmante, donc sa pièce est bonne, et ceux qui ne l'applaudiront pas sont des monstres. »

Bien plus étudiée est la dissertation de la Baronne *de Chapt* dans le tome premier de ses *Œuvres philosophiques*. Cette savante douairière constate cent manières de se servir de l'Éventail et remarque à bon droit qu'une femme du meilleur ton aurait beau prendre du tabac aussi agréablement que le Duc de ***, se moucher aussi artistement que le Comte de ***, rire aussi finement que la Marquise de ***, allonger le petit doigt aussi à propos que la Présidente de ***, tous ces rares talents ne la dispenseraient pas de savoir user galamment de l'Éventail. « Il est si joli, dit-elle, si commode, si propre à donner de la contenance à une jeune demoiselle et à la tirer d'embarras, lorsqu'elle se présente en un cercle et qu'elle rougit, qu'on ne saurait trop l'exalter. On le voit errer sur les joues, sur la gorge, sur les mains avec une élégance qui produit partout des admirateurs. Aussi, une personne bourgeoisement mise, qui n'a d'esprit que *comme ça*, qui n'est belle que *comme ça*, selon

le mot du jour, devient supportable si elle connaît les différents coups d'Éventail et si elle sait les adapter à propos.

« L'amour se sert de l'Éventail comme les enfants se servent d'un hochet, et lui fait prendre toutes sortes de figures, jusqu'à se briser et à tomber mille fois par terre. Combien d'Éventails que l'amour a déchirés ! Ce sont les trophées de sa gloire et les images des caprices du beau sexe.

« Ce n'est pas une chose indifférente qu'un Éventail qui tombe. Une pareille chute est ordinairement réfléchie, comme servant à faire connaître l'ardeur et la célérité des soupirants. On court, on se prosterne, et celui qui le premier relève l'Éventail en sachant baiser la main à la dérobée remporte la victoire. On lui sait gré de sa promptitude, et

c'est alors que les yeux, en signe de remerciement, parlent plus haut que la bouche même. »

Quel rôle brillant l'Éventail ne fait-il pas, remarque encore la judicieuse baronne *de Chapt* (?), lorsqu'il se trouve au bout d'un bras qui gesticule et qui salue du fond d'une voiture ou d'un jardin. Il dit à qui sait l'entendre que celle qui le tient entre ses mains est ravie de vous voir. Ce n'est pas tout. Lorsqu'on veut se procurer la visite d'un cavalier qu'on soupçonne amoureux, on oublie son Éventail et très souvent cette ruse réussit ; car, ou l'Éventail est apporté par le galant lui-même, ou il est renvoyé avec des vers élégants qui l'accompagnent et qui donnent presque toujours lieu à une réponse.

Que de fois, pour complaire aux dames, n'a-t-on pas chanté l'Éventail dans ce coquet xviiiᵉ siècle ! On faisait mille contes sur ses charmes, son esprit, son origine. Nous avons déjà parlé de la jolie fable de Nougaret sur l'origine des Éventails ; celle du poète comique Augustin de Piis mérite également d'être conservée, parmi ces poésies fugitives dans lesquelles la

la facilité supplée au talent et où l'art de plaire
fait oublier l'art poétique. Voici cette fable-chan-
son, extraite des *Babioles littéraires et critiques*,
et qui se disait autrefois sur l'air : « Tout roule
aujourd'hui dans le monde ».

Ne chantons plus cette fable sur ce vieil air
oublié, mais du moins consignons-la dans ce
recueil :

Un jour Cupidon solitaire,
Les œuvres d'Ovide à la main,
Dans son parc royal de Cythère,
Suivait bonnement son chemin,
Quand tout à coup voyant les traces
De six petits pieds délicats,
Il calcula que les trois Grâces
Avaient bien pu former ces pas.

Vers ces déesses ingénues
Le voilà qui court promptement ;
On sait qu'elles vont toutes nues,
On sait qu'il va sans vêtements.
Quand ces trois sœurs se virent prises
Par ce petit prince effronté,
On dit qu'elles furent surprises ;
Mais on dit qu'il fut enchanté.

Cupidon, qui venait de lire
Justement la fable d'Argus,
Dit qu'il donnerait son empire
Pour avoir autant d'yeux, et plus.
Mais les Grâces, moins immodestes
Que l'enfant gâté de Cypris,
Sentirent sur leurs fronts célestes
Les roses se changer en lys.

De leur main gauche avec mystère,
Ces trois sœurs ont voilé leur front.

De l'autre en perpendiculaire,
Devinez ce qu'elles feront ?
Elles voudront, la chose est claire,
Cacher leurs deux yeux à la fois ;
Alors il sera nécessaire
D'écarter tant soit peu les doigts.

Ainsi la chose arriva-t-elle,
Et, comme je l'avais prévu,
L'amour, de ce trio femelle,
Vit à la fin qu'il était vu ;
Mais, sans déranger ces rusées,
Par un industrieux travail,
Sur leurs mains ainsi disposées,
Il imagina *l'Éventail*.

Le sexe en adopta la mode,
Et l'on sait que cet ornement
Surtout en été fut commode.
Joint l'utile avec l'agrément.
Pour cacher la pudeur d'usage
Contre un beau front le papier sert,
Et les brins forment un passage
Par où l'œil voyage à couvert.

Donner à l'Éventail cette gracieuse origine
où l'Amour surprend les Grâces et est surpris
par elles, voilà une affabulation bien digne du
dernier siècle et qui vaut mieux pour nous
que toutes les dissertations archéologiques qui
ne prouvent que l'ignorance des savants et l'origine de l'ennui qu'ils causent.

Lorsqu'après toutes les petites intrigues de
cour la comtesse du Barry fut enfin présentée,
le 22 août 1770 par la comtesse de Béarn, à un
retour de chasse, au grand scandale du clan des

Choiseul, elle fit une entrée superbe, la tête haute, couverte de bijoux, étalant sur sa gorge un Éventail du plus haut prix, qui assurait son maintien et semblait affirmer par son attitude qu'elle mettait toutes voiles dehors et terrassait enfin les ennemis acharnés à sa perte.

L'Éventail jouait encore ici un rôle historique dont nous ne développerons pas l'importance. Tandis qu'il s'ouvrait glorieusement dans les mains de la du Barry, il se fermait et frémissait de dépit dans les mains de la duchesse de Grammont. Invoquons seulement par antithèse ce quatrain qu'enregistra Maurepas et qui vise évidemment la favorite :

La sultane du grand sérail
De gouverner s'avisait-elle,
Son histoire en chanson nouvelle
Se lisait sur un *Éventail.*

N'est-ce pas le cas de citer ici, à propos de toutes ces reines de la main gauche, des demoiselles de Nesles, de Mme de Châteauroux, de la Pompadour et de la petite Lange, ces vers ingénieux de Mérard Saint-Juste?

Dans les temps reculés, comme aux siècles où nous sommes,
Les rois, le sceptre en main, commandèrent aux hommes.
L'*Éventail*, plus puissant, commande même aux rois.

Si des intrigues de la cour nous passons au foyer de la Comédie ou de l'Opéra, nous rencontrerons toujours l'Éventail, aussi bien dans les mains de Zaïre, d'Elmire ou de Roxelane que dans celles des Luciles, des Orphises, des Florises ou des Lisettes.

Au foyer des acteurs, partout on voyait l'Éventail s'agiter dans les conversations aimables auxquelles prenaient part des gentilshommes de la chambre, qui, comme Richelieu, savaient *ambrer* le vice, ou des abbés folâtres qui allaient de groupe en groupe porter leurs saillies et leurs coquetteries friponnes. En 1763, Goldoni fit représenter à la Comédie italienne une pièce en trois actes, intitulée *l'Éventail*, qui obtint un succès assez vif. — « Il existait à l'Opéra, constate M. Adolphe Jullien dans son *Histoire du costume au théâtre*, un singulier usage. Une actrice n'aurait pas cru pouvoir se dispenser de tenir quelque chose à la main pour entrer en scène. Thélaïre avait un mouchoir, Iphigénie un Éventail, Armide, Médée, toute fée et enchanteresse tenait une baguette d'or, figure de son pouvoir magique. »

Dans la comédie mêlée d'ariettes : *Ninette à la cour*, de Favart, Fabrice, le confident du prince Astolphe, fait revêtir d'habits magnifiques l'ingénue que son

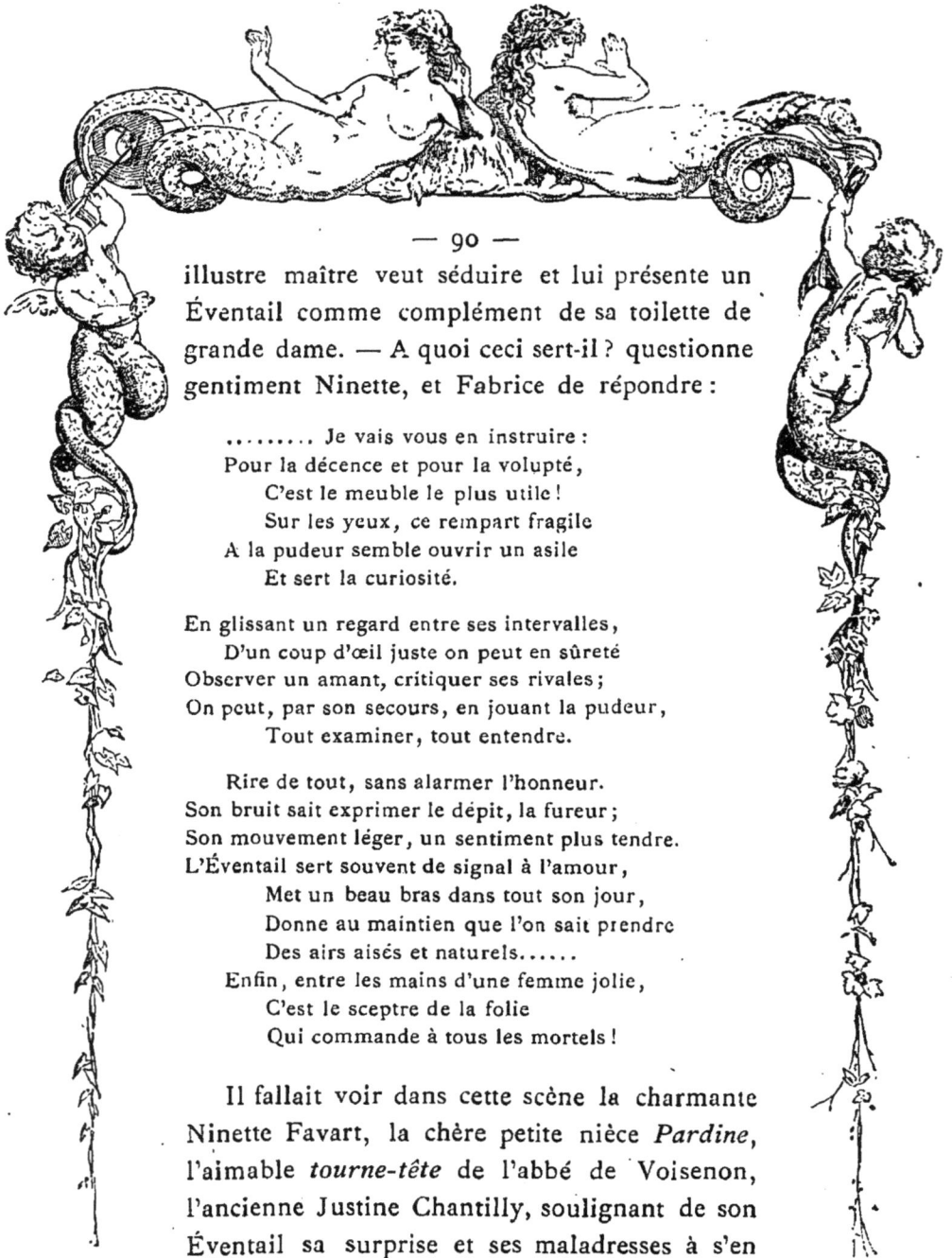

illustre maître veut séduire et lui présente un Éventail comme complément de sa toilette de grande dame. — A quoi ceci sert-il ? questionne gentiment Ninette, et Fabrice de répondre :

.... Je vais vous en instruire :
Pour la décence et pour la volupté,
    C'est le meuble le plus utile !
    Sur les yeux, ce rempart fragile
A la pudeur semble ouvrir un asile
    Et sert la curiosité.

En glissant un regard entre ses intervalles,
    D'un coup d'œil juste on peut en sûreté
Observer un amant, critiquer ses rivales ;
On peut, par son secours, en jouant la pudeur,
    Tout examiner, tout entendre.

    Rire de tout, sans alarmer l'honneur.
Son bruit sait exprimer le dépit, la fureur ;
Son mouvement léger, un sentiment plus tendre.
L'Éventail sert souvent de signal à l'amour,
    Met un beau bras dans tout son jour,
    Donne au maintien que l'on sait prendre
    Des airs aisés et naturels......
Enfin, entre les mains d'une femme jolie,
    C'est le sceptre de la folie
    Qui commande à tous les mortels !

Il fallait voir dans cette scène la charmante Ninette Favart, la chère petite nièce *Pardine*, l'aimable *tourne-tête* de l'abbé de Voisenon, l'ancienne Justine Chantilly, soulignant de son Éventail sa surprise et ses maladresses à s'en servir. C'est à de telles espiègleries, à ces gen-

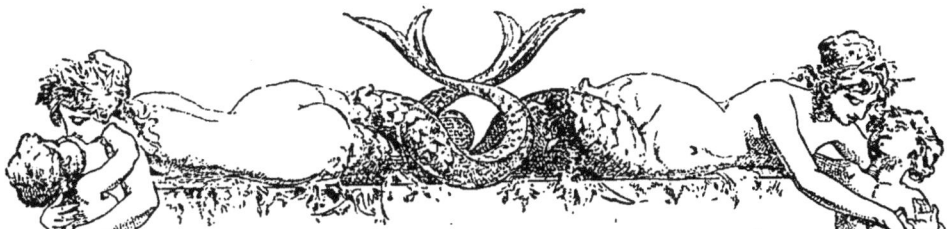

tillesses de l'adorable comédienne que le vain-
queur de Fontenoy rendit les armes.

L'*Éventail à lorgnette*, que nous avons en-
trevu au xviiᵉ siècle d'après une note du *Ménagiana*, reprit une nouvelle vogue vers la seconde
moitié du xviiiᵉ. Dans un entrefilet de la feuille
Nécessaire de 1759 nous lisons en effet :

« La curiosité étant égale dans les deux sexes,
et les femmes aimant presque autant que nous
à rapprocher d'elles les objets qui leur paraissent
intéressants, on a imaginé le moyen de satisfaire
ce désir sans blesser la modestie : on enchâsse
dans les maîtres brins d'un Éventail une lorgnette, dont les dames peuvent faire usage sans
se compromettre, et qui forme une espèce de
contre-batterie qu'elles peuvent opposer aux
lorgnettes indiscrètes de nos petits-maîtres. »

Cette mode mériterait de revivre aujourd'hui ;
mais donnons encore l'hospitalité à ce curieux
fait-Paris du même journal, à la même date :

« Il vient d'éclore dans l'empire de la mode
un petit phénomène qui pourra bien avoir son
succès comme tant d'autres de la même espèce :
c'est un Éventail fort riche et d'une forme différente de tous les autres. Sa sculpture et sa décou-
pure sont d'un goût tout à fait nouveau. Ce que
cet Éventail a peut-être de plus agréable, c'est
que, lorsqu'il est fermé, il a la forme d'un bouquet. Le sieur Le Tuteur, qui l'a inventé et qui

à Paris, paraît un homme capable d'imaginer et d'exécuter beaucoup de choses de ce genre. »

Cet Éventail à cocarde, bien connu de nos jours, et qui se replie sur lui-même par un ruban placé dans le manche et qu'on tire à volonté, nous amène à la Révolution, où tout était cocarde. Dans la bourgeoisie et le peuple, nous retrouvons l'Éventail aussi bien dans la foule à l'ouverture des états généraux où il s'épanouit au soleil de mai, aux fenêtres et balcons de Versailles parmi les étoffes précieuses, les jolies toilettes et les fleurs, que plus tard, au 14 juillet, dans le grand mouvement de Paris qui montra les femmes du faubourg Saint-Antoine incitant les citoyens à la prise de la Bastille et semblant désigner de ce frêle colifichet la vieille forteresse qui symbolisait à leurs yeux l'esclavage, le despotisme et la tyrannie.

Lors de la Déclaration des droits de l'homme, l'Éventail, seule arme de la femme, applaudissait l'ère de la liberté, comme si, par une sorte d'instinct, la femme avait compris que ces droits de l'homme étaient bien un peu les siens et qu'elle devait caresser des espérances d'une indépendance et d'une puissance nouvelle.

L'Éventail, comme toutes les modes du jour, se fit à cet instant

politique. La *Loi*, la *Justice*, la *Raison* remplacèrent dans les figures les nymphes roses et les coquettes bergères Watteau de l'ancien régime. On le cerna de tricolore, on le sema de cocardes, et pendant que l'Éventail révolutionnaire faisait rage à Paris dans les mains frémissantes des fières citoyennes, les *ci-devant* emportaient à l'étranger les chefs - d'œuvre de décoration des Éventails monarchiques, toutes les jolies gouaches de ces artistes hors ligne qui ne songèrent qu'aux grâces et à l'expression artistique du véritable génie français.

« Il est un fait à constater, nous disait un grand éventailliste parisien, c'est que les émigrés emportèrent presque tous leurs Éventails avec leurs bijoux et leurs

premiers objets de nécessité; tous ces merveilleux Éventails que l'on retrouve à l'étranger
proviennent de l'émigration. Mais au prix de
quelles tristesses, de quelles larmes, de quels
souvenirs douloureux, les belles disgraciées
durent-elles se défaire de ces ornements, compagnons de leurs glorieuses séductions, lorsque
vinrent les jours de détresse et d'abandon! »

Au commencement de la Révolution, entre
autres choses politiques peintes sur les feuilles
de papier ou de satin, on avait fait des Éventails
dits : *aux états généraux*, comme il paraît par
ce passage d'une brochure du temps, intitulée
la Promenade de province, et qui a un assez
joli caractère pour être inséré ici :

« IIIᵉ CONFÉRENCE. — *L'abbé.* — Vous avez là
un charmant Éventail, madame, très joli, sur ma
parole. Comment nommez-vous ces Éventails-là?

Mimi. — Je vous croyais plus au courant,
l'abbé. On appelle ça des Éventails *aux états
généraux. (Elle lui en donne un coup sur les
doigts.)*

L'abbé. — Voyons cela, madame... Oui, aux
états généraux. Je m'y connais un peu. Voilà
apparemment M. Necker sur son trône.

Mimi. — Eh! non, c'est le roi.

L'abbé. — Oui, le roi. De ce côté cet homme
en violet représente apparemment la religion.

Mimi. — Non, c'est la Ferme générale.

L'abbé. — A gauche, cette grande femme, n'est-ce point la France qui remercie le souverain?

Mimi. — Point! c'est Minerve qui lui présente les attributs de la gloire et de la sagesse.

L'abbé. — Et ce grand homme assis, et ce petit homme debout avec son cordon bleu, que font-ils là? Ah! je devine: ce sont les gardes du corps.

Mimi. — Vous êtes heureux! ce sont les emblèmes de la noblesse et du clergé qui abdiquent leurs privilèges.

L'abbé. — Tout cela est très joli, très joli, en vérité.

Mimi. — Vous ne voyez pas tout. Il y a une chanson.

L'abbé. — Une chanson? Ah! vous savez comme j'aime les chansons nouvelles! C'est ma folie, que les chansons. Voyons, voyons. *(Il turlute entre ses dents: ré, ré, mi, ut, si, si, si, ut, si, la.)* Bon! c'est un six-huit. Je sais cet air-là. Vous allez voir. *(Il chante: le roi fait du bien à la France.)*

Mimi. — Chantez donc plus bas, on vous écoute.

L'abbé. — Le mal!

Mimi. — Voulez-vous faire une scène? *(Tendrement.)* Et n'aurez-vous pas le temps de la chanter ce soir?

Lorsque la Terreur se mit à répandre sa tyrannie sur la France, ces aimables tableaux des Mimi et des petits abbés disparurent pour faire place aux drames de sang, aux femelles hideuses de la révolution, aux *tricoteuses* inexorables et aux farouches *lécheuses de guillotine*. Les dernières femmes, vraiment femmes du xviii⁰ siècle, qui apparurent se montrèrent sur la fatale charrette dans le flot grondant du peuple déchaîné. C'étaient Mᵐᵉ Roland, les dames de Maillé, de Bussy, de Mouchy, Élisabeth de France, qui toutes allèrent droit au supplice, héroïnes admirables qui conservaient encore à cet instant funeste les grâces d'autrefois, le charme et la beauté de cette *Coquette à l'Éventail* de Watteau, qui avait jadis symbolisé toute la mutinerie heureuse de leur éclatante jeunesse.

Seule, Mᵐᵉ du Barry ne sut pas mourir aussi gracieusement qu'elle avait tenu l'Éventail; seule, elle se cramponna à la vie, tremblante, prise de lâcheté, disant de sa voix d'enfant caressant : « Encore un moment, monsieur le Bourreau, je vous prie, encore un moment. »

Sur les Éventails de la Révolution se lisait la devise républicaine : *Liberté, Égalité, Fraternité,* ou bien le cri : *Vive la nation.* Quelques-uns portaient le R. F. et les emblèmes de l'Égalité : le triangle et le bonnet phrygien. Il y eut aussi les Éventails *à la Marat,* qui évoquent l'image de Charlotte Corday, telle qu'Hauer la représente auprès de la baignoire de *l'ami du peuple,* son Éventail d'une main et de l'autre le couteau qui vient de frapper.

Cet Éventail de Charlotte Corday est mentionné dans le dossier de son procès devant le tribunal révolutionnaire, et il reste constant que celle-ci n'abandonna pas son Éventail pour frapper Marat ; elle semblait, dans la farouche beauté de son fanatisme, vouloir conserver le sceptre de la femme en usurpant pour un instant la puissance et l'énergie d'un héros de l'histoire.

Le 10 Thermidor dissipa enfin les ténèbres épouvantables de la Terreur. « Alors, remarque M. Blondel, tout se réveilla comme au sortir d'une longue léthargie. Fatiguées de la barbarie, les femmes portèrent leurs aspirations vers les nobles folies du luxe, vers les prodigalités et vers les fêtes. On vit Mme Tallien, surnommée Notre-Dame de Thermidor, Mme de Beauharnais, la comédienne, Mlle Contat, l'hétaïre, Mlle Lange et enfin Mme Récamier tenir tour à tour le sceptre de

la mode ; quel sceptre en ce cas pourrait le dis-
puter à l'Éventail ? »

Mme Tallien raconte que sous le Directoire
les femmes portaient des Éventails en crêpe, à
paillettes ou en cèdre odorant, ou de gris mou-
cheté des Indes. Ce sont des Éventails de ce
genre que Bosio, dans sa *Promenade de Long-
champs*, plaça entre les mains des élégantes de
l'an X de la République. Une autre gravure de
modes, datée de thermidor an VIII, représente
également une *Merveilleuse* étendue sur un di-
van, occupée à s'éventer avec un petit Éventail
en palissandre, dont la feuille est en papier
uni de couleur verte ; elle s'écrie, selon la pro-
nonciation du temps : « Ah ! qu'il fait saud ! »

On ne chante plus alors de sombres chansons sur la guillotine, l'Éventail peut avoir son
tour et un poète, aujourd'hui oublié, Desprez,
composa les couplets suivants sur l'air : *Vous
m'ordonnez de la brûler.*

I

On a chanté le paravent,
L'Éventail est en scène
L'un éloigne à propos le vent,
Et l'autre le ramène.
De tous ses feux, de tous ses traits,
Lorsque l'été nous presse,
L'Éventail appelle un air frais,
Un souffle qui caresse.

II

Retenu dans ses plis nombreux
  Entre les mains des belles,
Zéphir, pour éteindre leurs feux,
  Semble agiter ses ailes.
De cheveux il fait voltiger
  Une tresse incertaine,
Ou soulève un fichu léger
  Qu'entr'ouvre son haleine.

III

L'Éventail peint tout ce qu'on sent,
  Tout ce qu'un cœur éprouve.
Il flatte, il refuse, il consent,
  Il condamne, il approuve.
Aux pieds d'un amant qu'interdit
  L'aveu qu'il craint de faire...
L'Éventail tombe avec esprit
  Pour engager l'affaire.

IV

Fait-on un conte un peu joyeux
  Qu'Aglaé n'ose entendre,
L'Éventail s'ouvre et sur ses yeux
  Il est prompt à s'étendre.
Voile aimable, chaste ou trompeur,
  Mais toujours plein de grâce,
Un Éventail sert la pudeur
  Ou du moins la remplace.

V

J'ai vu l'Éventail factieux,
  Et d'un parti contraire,
De jolis doigts séditieux
  Déployant la bannière.
L'opinion, comme autre part,
  Chez nous guide infidèle,
Portait alors un étendard
  Tout aussi léger qu'elle.

L'Éventail factieux dont parle ici le chansonnier eut grand succès dans le monde des Merveilleux et des Merveilleuses; il produisit plus d'une de ces mêlées terribles que signalent les mémorialistes et dans lesquelles les *Pouvoirs exécutifs* des Muscadins eurent fortement maille à partir contre la résistance des Jacobins. On se souvient de la petite émeute de l'an III. L'Éventail séditieux en fut peutêtre la cause, car alors le jeu de l'Éventail avait une expression particulière, un signe distinctif : on peignait sur ses feuilles, dans les branches d'un saule, les traits de Louis XVI, de Marie-Antoinette et du Dauphin, et comme dans nos *questions* à l'ordre du jour vers 1878, on ne disait pas: *Cherchez le roi*, comme nous avons dit : *Cherchez l'infortuné Bulgare*, on entr'ouvrait délicatement l'Éventail d'une certaine

façon, on laissait entrevoir le nez bourbonien de Louis XVI ou la haute coiffure de la reine; ce n'était rien, mais on s'était compris. Les ornements de l'Éventail, les nœuds, les rubans à l'aquarelle demeurèrent longtemps tricolores. Il se portait à la ceinture comme la *Balantine*, nom dont on avait décoré l'aumônière et l'Éventail promettait encore plus de souriantes aumônes que jamais aumônière ne contint d'écus. On le trouvait en tous lieux, ce coquet Éventail, sabretache de la mode, qui battait aux genoux des femmes, dans toutes les promenades, à tous les jardins de plaisance, à toutes les fêtes : à Tivoli, à Idalie, à l'Élysée, au pavillon de Hanovre, à Frascati, à Bagatelle, au petit Coblentz et dans ces *Galeries du Palais-Égalité*, dont Boilly devait, quelques années plus tard, fixer la physionomie avec leur public grouillant de nymphes mi-vêtues, de beaux militaires conquérants, de bourgeois épeurés, tout ce monde de filles d'amour, de camelots et de flâneurs, mélange curieux de citoyens, de prostituées et de soldats de toutes armes, qui anima ces fameuses galeries de bois pendant le cours du premier Empire.

C'est aussi chez le dieu Vestris qu'il faut voir l'Éventail sur la fin du Directoire, dans tous les bals innombrables qui se produisirent à Paris, depuis le *Bal de Calypso,* l'*Hôtel de la Chine,* l'hôtel Biron, jusqu'au *Bal des Zéphyrs* et au fameux *Bal des Victimes,* où l'Éventail, également nommé *à la Victime,* se glissait à la ceinture pendant les contredanses

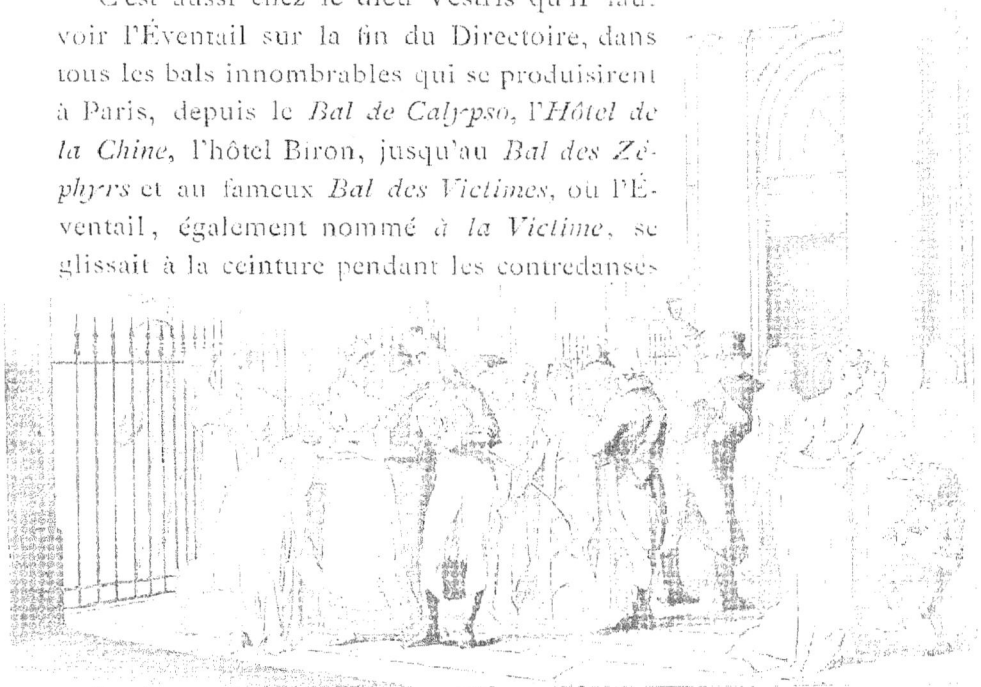

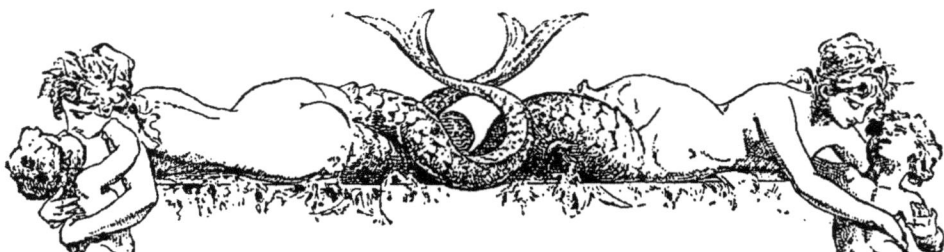

pour être déployé gracieusement au moment du repos, lorsque, toutes rouges de plaisir et d'excitation, les languissantes danseuses tombaient gentiment pâmées sur un siège, semblant demander grâce à leur cavalier.

L'Éventail entièrement découpé à jour et à brins reliés par une faveur devint de mode; il était fait de matières comprimées qui donnaient des dessins en relief, ou bien encore en métal, en ivoire et en corne. Les Éventails parfumés auraient, paraît-il, fait également fureur, si nous en croyons une note du journal *le Menteur,* citée par M. Blondel, et qui nous apprend qu'aux fameux concerts Feydeau, lorsque le chanteur Garat, l'enfant chéri du succès et des belles, entrait en scène, un murmure sympathique parcourait la salle et, ajoutait le courriériste, « à ce moment, les têtes mobiles s'agitent, les plumes voltigent, les *Éventails à la Civette* frémissent ».

Lorsque la *paille* fut adoptée pour les chapeaux, les rubans, les panaches, les ceintures et les glands, l'Éventail ne resta pas en arrière et fut coquettement fabriqué au goût du jour. « Ce n'est plus que paille dans la toilette appauvrie des dames, disent MM. de Goncourt dans leur *Société française pendant le Directoire:* cornettes de paille, bonnets de paille, éventails de paille,

et, sur les paillettes proscrites, écoutons la chanson du temps :

> Paillette aux bonnets,
>   Aux toquets,
> Aux petits corsets !
>   Aux fins bandeaux,
>   Aux grands chapeaux,
>   Paillette.
>
>   Aux noirs colliers,
>   Aux blancs souliers,
>   Paillette.
> Paillette aux rubans,
>   Aux turbans,
> On ne voit rien sans
>   Paillette.

Vers le premier Empire on vit apparaître des Éventails minuscules, appelés lilliputiens, qui avaient juste l'ampleur nécessaire pour masquer à peine un sourire indiscret ou une rougeur subite. L'ancienne chanoinesse de Bourbon-Lancy, Mme de Genlis, qui avait vu bien des révolutions dans les modes, constate avec une pointe d'amertume cette réduction de l'Éventail dans son *Dictionnaire des étiquettes* :

«Au temps où l'on rougissait encore, dit l'Auteur des *Annales de la Vertu*, dans ce temps où l'on voulait dissimuler son embarras et sa timidité, on portait de grands Éventails ; c'était à la fois une contenance et un voile. En agitant son Éventail, on se cachait ; aujourd'hui l'on rougit

peu, on ne s'intimide point, on n'a nulle envie de se cacher et l'on ne porte que des Éventails imperceptibles. »

Ces *imperceptibles*, néanmoins et quoi qu'en dise l'aimable comtesse, faisaient encore belle figure dans les salons de la rue du Bac, à l'*Abbaye au Bois*, chez Mme Récamier et dans toutes les petites réunions, alors qu'on jouait de la harpe et du théorbe devant les hussards d'Augereau et que les poètes du temps déclamaient pompeusement des acrostiches sur l'*Éventail* dignes d'être insérés dans quelques feuilles littéraires comme l'*Écharpe d'Iris* ou l'*Album des arts*.

Un parnassien irrémédiablement enfoui sous la poussière de l'oubli a laissé cet acrostiche assez habile sur l'Éventail, auquel nous donnons l'hospitalité comme marquant la forme et l'esprit d'alors.

> Ève n'a point connu mon élégant travail ;
> Vénus m'imagina. Le féminin bercail,
> Et maint peuple rôti qui tout cru mange l'ail,
> Nérine à l'Opéra, Fatmé dans le sérail,
> Trouvent dans mon secours un utile attirail.
> À l'aide de mon jeu, savant dans son détail,
> Iris à plus d'un cœur a fait faire un long bail.
> Le sceptre d'une belle est vraiment l'Éventail.

N'était-ce pas bien l'époque sentimentale où Fiévée conçut *la Dot de Suzette* et où Hyacinthe Gaston écrivait ce quatrain dans l'*Adolescence ou la Boëte aux billets doux* ?

Un Éventail qui tombe à terre,
Un livre, un ruban, une fleur,
Tout sert à l'amoureux mystère :
Rien n'est perdu pour le bonheur.

Cet Éventail de l'Empire qui apparait
à l'aurore de notre siècle au milieu d'une
fièvre de conquêtes et de guerres san-
glantes, cet Éventail qui salua les vic-
toires de nos soldats sur les balcons des
villes d'Italie, d'Espagne et d'Allemagne,
cet Éventail qui indiqua de si galants
rendez-vous à nos brillants officiers cou-
verts de gloire, cet Éventail enfin qui saluait
le courage au passage, devait, comme dans
les drames et pièces militaires de l'ancien
Cirque, jouer également son rôle sur les
champs de bataille, dans les mains d'une vaillante
cantinière donnant ses soins aux blessés, éventant leurs
visages brûlés par le soleil, avec ces attentions, ces
douceurs, presque cette maternité qui reste latente chez
toutes les femmes et qui font d'elles des anges de dévoue-
ment, d'admirables sœurs de charité.

Dans les soirées et les réceptions mondaines, la
maîtresse de céans avait acquis un art tout nouveau
dans l'usage expressif et bienveillant de l'Éventail. Lady
Morgan. ci-devant miss Owenson, dans son ouvrage

sur *la France* et à propos d'une réception chez la
duchesse de la Trémoille, fait mention de cette
particularité lorsqu'elle écrit :

« La manière dont une Française reçoit la
visite des personnes de son sexe est civile et
respectueuse. On peut y remarquer une teinte de
cérémonie, mais elle porte toujours l'empreinte
de la politesse et de l'attention. L'accueil qu'elle
fait aux hommes est, en général, prévenant, mais
ne manque pas d'une certaine dignité. Elle ne se
lève pas de son siège, elle paye leur salut d'un
sourire, d'un mouvement de tête, d'un *bonsoir*,
d'un *bonjour*, d'un *comment cela va-t-il?* ou de
quelque autre petite marque d'attention très
coquette, *comme un coup d'Éventail qui dit bien
des choses,* une main qu'elle présente à baiser,
une expression de surprise agréable en les voyant
paraître sans être attendus. C'est un air, c'est un
regard, c'est quelque chose, ce n'est rien, et
prétendre en faire la description ou la définition
serait une témérité. »

Les feuilles des Éventails portaient alors
eomme ornements décoratifs des trophées guerriers, des casques, des cuirasses, des canons
croisés, le portrait de Bonaparte avec le chapeau
légendaire et la fameuse redingote grise; d'autres
dissimulaient un écusson royal ou un semis de
fleurs de lis qui peignait un désir de restauration bourbonienne; d'autres encore, décorés à

la grecque ou à la romaine, offraient des images
de Calypso rêveuse, des scènes vagues de Héro
et Léandre, des Cornélie montrant ses bijoux,
ou des emblèmes de l'antiquité interprétée à la
moderne, selon le vilain goût *Pompier* ressus-
cité par David et ses disciples.

Quelques Éventails brisés étaient garnis de
taffetas découpé et appliqué sur gaze, tandis que
d'autres étaient simplement enjolivés de paillettes d'acier ou de cuivre, selon l'aspect des
bijoux du *Petit Dunkerque*. Victor-Étienne de
Jouy, l'académicien, qui comparait le sein des
femmes à des globes d'albâtre ciselé par les
Grâces, de Jouy, l'ancien militaire, auteur du
Franc Parleur, raconte, au cours des cinq volumes
de son *Ermite de la Chaussée-d'Antin*, qu'ayant
été parrain vers le mois d'août 1811, il dut
acheter chez Tessier, parfumeur à la *Cloche d'or*,
une corbeille de baptême, et il ajoute que, pour
la somme modeste de 420 francs, la demoiselle
de comptoir mit dans cette corbeille un bouquet
de fleurs artificielles, quelques sachets, deux
flacons d'essence de rose, un collier de pastilles
du Sérail, six douzaines de paires de gants et
enfin *deux éventails, l'un brodé en acier* selon la
mode, l'autre en *écaille blonde* et *à lorgnette*. .

C'est à cette époque que firent leur apparition
les curieux Éventails brisés pour bal, en peau
d'âne, sur laquelle les dames écrivaient à la

mine de plomb ou avec une épin-
gle d'argent les noms de leurs
cavaliers pour la valse ou le qua-
drille.

Sous la Restauration, les Éventails se firent
un instant *anagrammatiques*, c'est-à-dire qu'au
moyen d'un mécanisme ingénieux la légende
ou le mot, qui se trouvait écrit sur la feuille ou
les brins, se changeait brusquement par la trans-
position des lettres ; au lieu de *Roma*, on lisait *Amor*,
et ainsi de suite.

On reprenait également volontiers les petits vers
ou madrigaux qu'on disait aux dames. Louis XVIII,
qui citait mieux et plus souvent qu'il ne composait
et qu'on proclamait poète pour peu que sa mémoire
le servit bien, le ci-devant *Monsieur*, écrivit un jour
sur la lame d'ivoire de l'Éventail d'une dame incon-
nue ce joli quatrain demeuré célèbre :

> Dans le temps des chaleurs extrêmes,
> Heureux d'amuser vos loisirs,
> Je saurai près de vous ramener les zéphirs ;
> Les amours y viendront d'eux-mêmes.

Et tous les courtisans de s'exclamer, alors que
Louis XVIII, bien loin d'avoir imaginé le quatrain,
l'avait très effrontément dérobé à l'auteur de *l'Em-*
pire de la Mode, au spirituel poète académicien

Lemierre, sans entre gare, et tout heureux de l'attribution qu'on voulait bien lui en faire.

Aujourd'hui chacun cite encore ce fin madrigal comme un des plus gracieux spécimens de l'esprit de Louis XVIII. Rendons à Lemierre ce qui est à Lemierre, les flatteurs n'étant plus là pour protester.

La littérature de la Restauration n'avait rien, au reste, des mignardises et des finesses malicieuses du xviiie siècle. L'esprit pratique semblait s'être éthéré dans une sentimentalité larmoyeuse et dans un idéal bleu qui montait au zénith et se confondait avec lui. Le *Génie du christianisme* et les *Méditations* de Lamartine, parus plus tard, avaient apporté dans les âmes avec leur langage harmonieux un charme mystérieux de souffrance, une sensation troublante qui dépêtrait l'amour de la matière.

et le faisait d'un platonisme nourri de chimères, basé sur des affinités que Stendhal chercha à définir par sa théorie de la *Cristallisation*. L'amour sanglotait et ne riait plus ; dans la main des femmes l'Éventail avait pris quelque chose de ce *replié sur soi-même* qui était le signe distinctif de cette époque exsangue et sensitive à l'excès. Il exprimait l'abattement, la mélancolie profonde, la sombre névrose des cerveaux ; il ne s'ouvrait plus avec cette crânerie d'antan pour comprimer le rire ou cacher un baiser des lèvres ; il demeurait entr'ouvert ou plutôt mi-fermé, soulevé décemment à la hauteur de la gorge ou du bouffant des manches à gigot, ou bien il tombait le long de la jupe tristement dans une allure de désespérance, comme un meuble inutile, devant cette froideur matérielle de la passion. Dans les romans qui paraissaient alors, dans *Valérie* de Mme de Krüdner, dans *Ourika*, dans *Irma ou les malheurs d'une jeune orpheline*, dans *Adèle de Sénange*, dans *la Jeune fille, ou Malheur et vertu*, dans *Louise de Senancourt*, dans *Malvina*, dans toutes les œuvres enfin du bas-bleuisme de la première moitié de ce siècle, l'Éventail est visiblement négligé. On sent que dans les aventures de ces amoureux transis et marmiteux, il n'a rien à faire et qu'il n'aura plus à se briser

sur les joues d'un téméraire qui va droit au but,
comme ce bon abbé Duportail au XVIIIe siècle,
qui périt au champ d'honneur et auquel on fit
cette aimable épitaphe :

> Ci-gît l'abbé Duportail,
> Qui mourut d'un coup d'éventail.

Il nous faut arriver à Balzac et aux *Parents
pauvres* pour trouver dans ce chef-d'œuvre qui
a nom *le Cousin Pons* un charmant souvenir sur
l'Éventail de Mme de Pompadour, qui demeurera
éternellement dans le souvenir des délicats :

« Le bonhomme Pons arrive joyeux chez la
présidente de Marville, après avoir trouvé, chez
un brocanteur, un bijou d'Éventail renfermé
dans une petite boîte en bois de Sainte-Lucie,
qui était signé de Watteau et avait appartenu
à Mme de Pompadour. Le vieux musicien s'in-
cline devant sa cousine et lui offre l'Éventail de
l'ancienne favorite, par ces mots d'une royale
galanterie :

— *Il est temps que ce qui a servi au vice soit
aux mains de la vertu.* Il aura fallu cent ans pour
opérer ce miracle. Soyez sûre qu'aucune princesse n'aura rien de comparable à ce chef-
d'œuvre, car il est malheureusement dans la
nature humaine de faire plus pour une Pompadour que pour une vertueuse reine. »

Si du roman nous passons à la réalité, nous voyons l'Éventail acquérir une importance historique spéciale dans nos annales, lorsque, le 30 avril 1827, Hussein, le dey d'Alger, dans un mouvement de colère, frappa ou plutôt caressa des plumes de son éventail M. Deval, notre consul de France, et refusa de faire amende honorable pour cet acte brutal qui entraîna la conquête de l'Algérie et, par suite, notre voyage actuel en Tunisie.

Barthélemy et Méry firent paraître dans la *Pandore* du 11 novembre 1827 une sorte de poème héroï-comique, la *Bacriade, ou la guerre d'Alger*, en cinq chants, qui commence ainsi :

..... Un dey plein d'arrogance
Sur une joue auguste a souffleté la France,

et se termine par ces vers, qui font allusion aux causes de l'incident et à la conduite de notre chargé d'affaires :

Ni Bacry ni mon or... téméraire Français !
Que ce coup d'Éventail te flétrisse à jamais !
A ce coup, le chrétien, frémissant de colère,
Était près de saisir son glaive consulaire ;
Mais, diplomate habile, il calme son transport,
Fait un présent au dey, le remercie et sort.

Ce poème de Barthélemy et Méry, bien que déjà vieillot, est intéressant encore à relire aujourd'hui.

Ce n'était plus le cas néanmoins de soupirer :

D'un Éventail soigneux, le Zéphyr caressant
Dans un cœur quelquefois allume un feu naissant.

Le feu naissant n'était plus de saison, mais bien
le feu ardent de la guerre et les événements rapides qui
s'enchaînent : la marine française sous les ordres de
l'amiral Duperré bloquant Alger le 14 juin 1830,
puis l'armée d'expédition débarquant et, à la suite de ce
fameux coup d'Éventail, tous les beaux faits d'armes
qui s'ensuivirent et que nous revoyons comme en un
panorama : Mazagran, la prise de Constantine, la merveilleuse retraite du commandant Changarnier ; *Lamo-
ricière à la tête de ses zouaves intrépides ;* Cavaignac, le
maréchal Bugeaud, toute une épopée qui revit dans les
curieuses lithographies de Raffet ; et, dominant tous ces
combats, comme l'écrivait un chroniqueur
parisien, la grande figure d'Abd-el-Kader, l'ennemi glorieux dans sa défaite.

Nous laisser aller au souvenir de ces brillantes escarmouches dans notre colonie d'Afrique serait sortir de notre sujet. — Revenons donc aux Éventails, en constatant qu'à Rome le pape Grégoire XVI ne sortait jamais dans la ville sainte, et particulièrement au moment des solennités publiques et de la *festa di catedra,* sans être accompagné, auprès de sa litière, de deux porteurs d'Éventails de plumes de paon, à long manche d'ivoire, qui ne servaient que pour le décorum et n'étaient jamais agités sur le visage du pontife.

Dans le courant de l'été 1828, lors de la première représentation d'un opéra-comique intitulé *Corisandre,* comme la chaleur était étouffante et que les jeunes dandys se pâmaient, alanguis dans leurs loges, un industriel eut l'idée de vendre des éventails en papier vert aux hommes et la salle entière s'en trouva munie. La mode adopta cette innovation des éventails masculins, qui reçurent le nom de *Corisandres,* mais cette originalité ne tint point longtemps à Paris, comme à Venise et dans les principales villes d'Italie où les hommes se familiarisèrent au jeu de l'Éventail et, dès l'hiver 1828-1829, nos élégants, pour mieux dire nos *Beaux,* abdiquèrent le sceptre de la femme et reprirent comme auparavant les *sticks* de jonc ou les lourdes cannes à pommeau d'or ciselé, dont ils se servaient avec une distinction et un charme que nous avons, hélas! totalement oubliés,

Les Éventails se portaient très grands et, si les plumes n'avaient pas tout à fait remplacé les feuilles de vélin ou de satin décorées à la gouache, du moins étaient-elles en majorité.

Une chronique de la fin du règne de Charles X, *le Lys,* contient cette note sur la mode du jour :

« Quant aux Éventails, ceux en plumes noires, peintes et dorées, et ceux en laque à dessins chinois en or, jouissent d'une égale faveur ; il est à observer que, pour qu'ils aient toute la souplesse et la solidité convenables, ces derniers doivent être montés sur bambou, et nous engageons nos lectrices à se le rappeler lorsqu'elles feront usage d'un de ces Éventails. »

Il y avait encore l'Éventail à miroir qui fit *florès* un moment et l'Éventail de plumes d'autruche et d'oiseaux des îles. On se prit enfin de passion pour les Éventails anciens, on les rechercha partout et on les enleva à tout prix. Ce goût devint si vif, remarque M. Natalis Rondot, que plusieurs éventaillistes s'exercèrent à imiter les Éventails genres Louis XIV, Louis XV et Louis XVI.

Les peintres et les sculpteurs manquaient ; mais, grâce à M. Desrochers, qui se mit à la tête de cette petite branche d'industrie, on arriva à exécuter des ouvrages qui soutinrent la comparaison avec les chefs-d'œuvre du XVIIIᵉ siècle. »

Les grisettes et les Mimi Pinson de l'époque, ces belles et bonnes filles en robes d'organdi ou en canezou blanc, chantées par les poètes qui nous ont précédés et mises dans une lumière de jeunesse et de gaieté, parmi les joyeux romans populaires de Paul de Kock, les gentilles grisettes d'avant 1850 se contentaient d'Éventails de papier ou de plumes de colibri, légers comme leurs cervelles d'oiseaux, lorsque, le dimanche, toutes ces rieuses amoureuses allaient à Romainville, aux Lilas ou dans les bois de Montfermeil, en compagnie d'amants sans façon, de peintres sans hautes ambitions, d'aimables rédacteurs du *Corsaire*, de bons vivants qui savaient encore s'esbaudir dans les plaisirs simples, les promenades à âne, les sommaires déjeuners sous bois, et faire rimer, en un mot, ivresse avec jeunesse et humour avec amour. — Que de bousculades, de rêves vibrants sous les taillis, de francs baisers sonores qu'on ne songeait pas à dissimuler! Là sont enfouis les plus doux souvenirs de nos pères, de ces souvenirs qu'ils aiment à tisonner avec le charme que leur donne le passé qui prête encore à l'illusion.

Mais il nous faut jeter
un coup d'œil en Espagne,
au pays même de l'Éventail, dans la contrée
des sérénades, des escopeteros, des gitanos et
des belles señoras que notre génération romantique de 1830 a mise si fort à contribution
pour ses poésies colorées et ses nouvelles et
romans tissés de bizarre. C'est en Espagne que
nous trouvons le fameux *manejo de abanico*
si aisément appris par toutes les señoritas de la
chrétienté. On y appelle le jeu de
l'Éventail *abanicar*, de
même que le jeu de la
prunelle se nomme
ojear, et l'un ne va
pas sans l'autre ; les
deux se complètent :
à galant coup d'É-
ventail, coup d'œil
brûlant qui enflam-
me, d'où le sage
proverbe castillan
*(refran) ojos que
no veen, corazon
que no quebra.*

Théophile Gautier, dans *Tra los Montes,* a très remarquablement analysé l'importance de l'Éventail en Espagne.

« L'Éventail corrige un peu la prétention de l'Espagnole au parisianisme. Une femme sans Éventail est une chose que je n'ai pas encore vue en ce bienheureux pays. J'en ai vu qui avaient des souliers de satin sans bas, mais elles avaient un Éventail; l'Éventail les suit partout, même à l'église, où vous rencontrez des groupes de femmes de tout âge, agenouillées ou accroupies sur leurs talons, qui prient et s'éventent avec ferveur... Manœuvrer l'Éventail est un art totalement inconnu en France. Les Espagnoles y excellent; l'Éventail s'ouvre, se ferme, se retourne dans leurs doigts si vivement, si légèrement, qu'un prestidigitateur ne ferait pas mieux. Quelques élégantes en forment des collections du plus grand prix; nous en avons vu une qui en comptait plus de cent de différents styles; il y en avait de tous pays et de toute époque : ivoire, écaille, bois de santal, paillettes, gouaches du temps de Louis XIV et de Louis XV, papier de riz, du Japon et de Chine, rien n'y manquait. Plusieurs étaient étoilés de rubis, de diamants et autres pierres précieuses; c'est un luxe de bon goût et une charmante manie pour une jolie femme. Les Éventails qui se ferment et s'épanouissent produisent un petit sifflement qui,

répété plus de mille fois par minute, jette sa note à travers la confuse rumeur qui flotte sur la promenade, et a quelque chose d'étrange pour une oreille française. Lorsqu'une femme rencontre quelqu'un de connaissance, elle lui fait un petit signe d'Éventail, et lui jette en passant le mot *agur*, qui se prononce *agour*. »

A cette description du grand coloriste Théophile Gautier ajoutons un passage de l'homme d'État romancier, Benjamin Disraëli, qui, dans *Contarini Fleming*, a donné quelques jolis aperçus sur l'Éventail espagnol.

« Une dame espagnole, dit-il, ferait honte avec son Éventail à une troupe de cavaliers. Tantôt elle le déploie avec la lenteur pompeuse et la consciencieuse élégance de l'oiseau de Junon ; tantôt elle l'agite avec une morbidesse nonchalante ou avec une attrayante vivacité ; tantôt l'Éventail se referme avec un frémissement qui ressemble au battement d'ailes d'un oiseau et vous fait tressaillir. Psst ! au milieu de votre confusion, l'Éventail de Dolorès vous touche le coude ; vous vous retournez pour écouter, et celui de Catalana vient de vous piquer au flanc. Instrument magique ! Dans ce pays il parle une langue particulière ; la galanterie n'a besoin que de ce délicat bijou pour exprimer ses plus substiles conceptions ou ses plus raisonnables exigences. »

Passons de l'Espagne à notre grand et beau Paris, où l'Éventail brillait avec assez d'éclat et de magnificence sur le velours nacarat des baignoires et des loges au théâtre, dans les mains des lionnes charmantes du glorieux 1830. Si nos Parisiennes ont moins de prestesse de mouvement et moins de langueur dans le maniement de ce joli hochet que les brûlantes Espagnoles, elles ont en échange plus de finesse et de distinction native, plus de rouerie et surtout plus de ce *je ne sais quoi*, qui fait de la Française la reine incontestée du monde entier.

Sous le bon règne paisible de Louis-Philippe, l'Éventail s'*embourgeoisa* peut-être un peu sur les grosses poitrines des commères hautes en couleur, si bien esquissées par Henri Monnier et caricaturées par Daumier ; peut-être dans ce temps de garde nationale prétentieuse perdit-il un peu de son prestige.

« Qu'importe, disait un bourgeois d'alors, que tel poète soit singulier dans son humeur, tel dandy recherché dans ses habits, que telle coquette enfin soit minaudière ! Elle peut rougir, blanchir, moucheter son visage et coucher avec son amant, sans envahir ma propriété ou diminuer mon commerce. L'ennuyeux froissement d'un Éventail qui s'ouvre et se ferme sans cesse n'ébranle point nos constitutions. »

Mais en dépit de cette lourde indifférence, l'Éventail pénétra dans le peuple et se fit démocratique comme le parapluie, symbole des mœurs calmes. Il n'est pas aujourd'hui de modeste ouvrière, d'humble fille des faubourgs, à qui l'amour n'ait fait hommage, avec le bouquet de roses et le galant billet doux, d'un Éventail enjolivé de fleurs qu'elle sait gracieusement agiter sur sa beauté mutine et chiffonnée de petite Parisienne, de Gavroche femelle satisfaite du moindre bout de dentelle ou de ruban.

Au commencement du siècle, si on en croit le *Spectateur,* une dame anglaise établit à Londres une *Académie* pour y dresser les jeunes demoiselles de toutes conditions dans l'exercice de l'Éventail. — Cet exercice se décomposait en six temps et le curieux bataillon enjuponné, rangé en bataille, devait manœuvrer deux fois le jour et obéir aux commandements suivants : *Prenez vos Éventails, Déferlez vos Éventails, Déchargez vos Éventails, Mettez bas vos Éventails, Reprenez vos Éventails, Agitez vos Éventails.* — L'agitation de l'éventail était, paraît-il, le chef-d'œuvre de tout l'exercice et le plus difficile à obtenir dans ces singulières compagnies de *riflemen de l'Éventail.* — A cet effet, la colonelle institutrice, qui dirigeait les opérations avec un large Éventail à la Marlborough, avait composé en faveur de ses écolières un petit traité très clair et succinct dans lequel elle avait su concen-

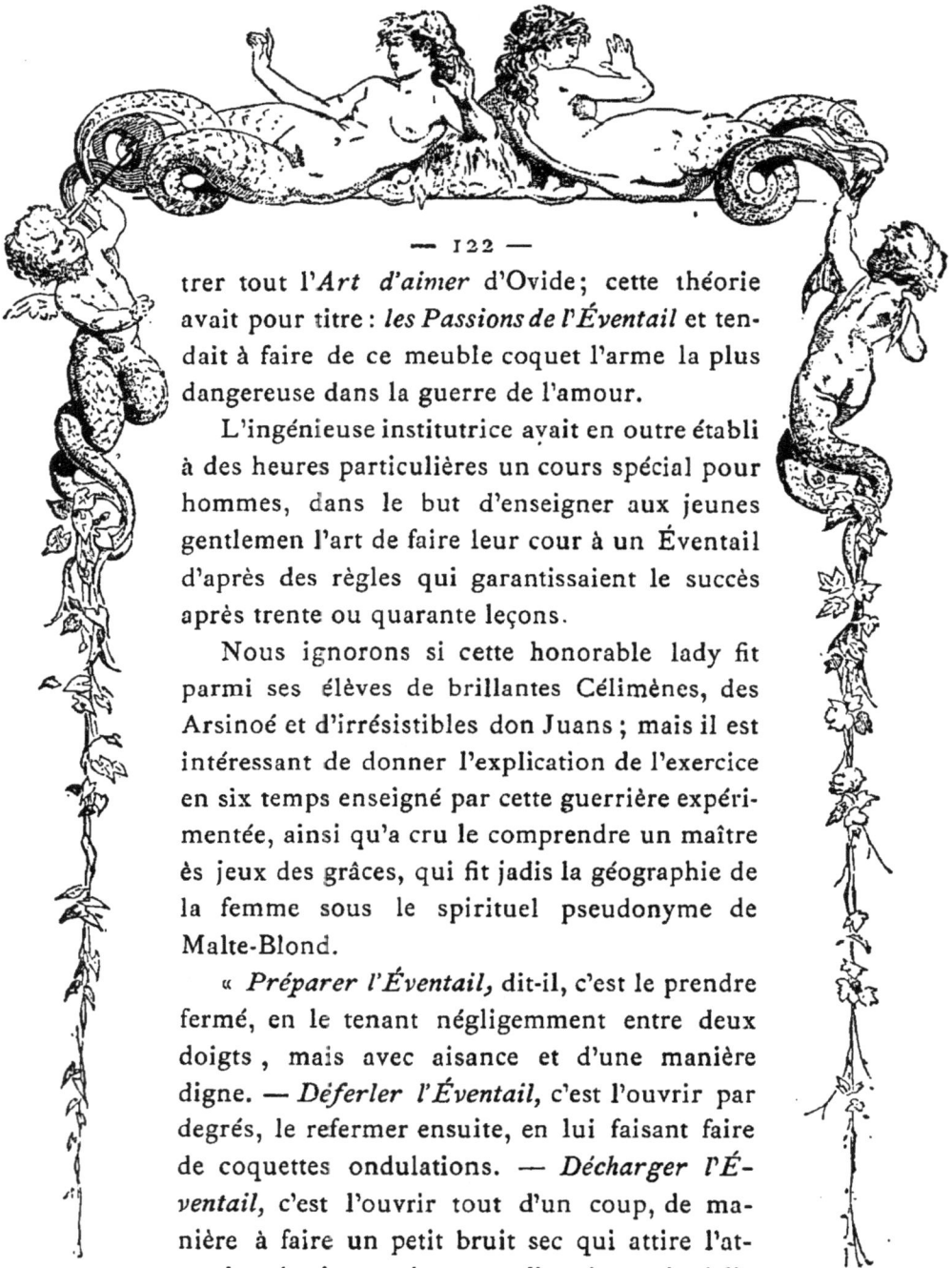

trer tout l'*Art d'aimer* d'Ovide ; cette théorie
avait pour titre : *les Passions de l'Éventail* et ten-
dait à faire de ce meuble coquet l'arme la plus
dangereuse dans la guerre de l'amour.

L'ingénieuse institutrice avait en outre établi
à des heures particulières un cours spécial pour
hommes, dans le but d'enseigner aux jeunes
gentlemen l'art de faire leur cour à un Éventail
d'après des règles qui garantissaient le succès
après trente ou quarante leçons.

Nous ignorons si cette honorable lady fit
parmi ses élèves de brillantes Célimènes, des
Arsinoé et d'irrésistibles don Juans ; mais il est
intéressant de donner l'explication de l'exercice
en six temps enseigné par cette guerrière expéri-
mentée, ainsi qu'a cru le comprendre un maître
ès jeux des grâces, qui fit jadis la géographie de
la femme sous le spirituel pseudonyme de
Malte-Blond.

« *Préparer l'Éventail,* dit-il, c'est le prendre
fermé, en le tenant négligemment entre deux
doigts, mais avec aisance et d'une manière
digne. — *Déferler l'Éventail,* c'est l'ouvrir par
degrés, le refermer ensuite, en lui faisant faire
de coquettes ondulations. — *Décharger l'É-
ventail,* c'est l'ouvrir tout d'un coup, de manière à faire un petit bruit sec qui attire l'attention des jeunes hommes distraits, qui négli-
gent de vous lorgner. — *Mettre bas l'Éventail,*

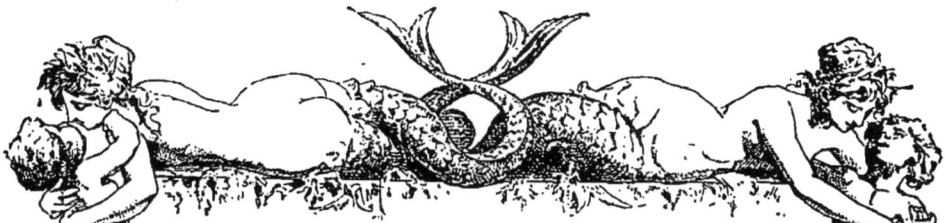

c'est le poser n'importe où, afin de faire semblant de rajuster ses boucles ou ses bandeaux pour montrer un bras blanc et potelé, des doigts effilés et roses. — *Reprendre son Éventail,* c'est s'en armer de nouveau et lui faire faire de féminines et irrésistibles évolutions. — *Agiter l'Éventail,* c'est s'en rafraîchir le visage, ou bien traduire à qui de droit son agitation, sa modestie, sa crainte, sa confusion, son enjouement, son amour. »

L'art du maniement de l'Éventail ne s'apprend pas en réalité; il est inné chez la femme de race, comme sont innés chez elle ses moindres gestes qui captivent, ses douces caresses enfantines, son parler, son regard, sa démarche. Dans l'arsenal où sont les armes de la coquetterie féminine, la femme s'empare naturellement de l'Éventail et sait en user dès le jeune âge en jouant à la grande dame avec sa poupée. Elle sent d'instinct que toutes les ruses de l'amour, toutes les roueries de la galanterie, toute la grâce des oui ou des non, tous les accents des soupirs, sont cachés dans les plis de son Éventail; elle comprend que derrière ce frêle rempart elle étudiera l'ennemi, qu'en se démasquant à moitié elle ouvrira une terrible meurtrière et que plus tard, sous l'Éventail déployé, elle risquera des aveux furtifs et recueillera des demi-mots qui lui iront au cœur.

« Quelle que soit la chaleur du climat, dit Charles Blanc dans *l'Art dans la parure et le vêtement*, l'Éventail est, avant tout, un accessoire de toilette, un moyen de motiver des mouvements gracieux, sous prétexte d'agiter l'air pour le rafraîchir. Ce rideau mobile fait tour à tour l'office de laisser voir ce que l'on veut masquer et de voiler ce que l'on veut découvrir. »

Il n'est point, à notre sens, de plus juste définition de l'Éventail.

Une des dernières anecdotes qui nous viennent à l'esprit dans cette revue historique de l'Éventail, est celle qui a trait à l'ex-roi Louis de Bavière, — le galant et prodigue adorateur de la courtisane danseuse Lola Montès, — qui poussa sa passion pour les femmes aussi loin que son goût d'érudit éclairé pour les beaux-arts.

A l'un des bals de sa cour, une délicieuse princesse ayant par mégarde laissé tomber son Éventail, le monarque s'empressait, genou en terre, à le relever pour le remettre, avec le baiser d'usage, entre les mains de la belle étourdie, lorsqu'il heurta violemment du front un gentilhomme non moins désireux que Son Altesse de saisir au vol cette galante occasion de rendre hommage

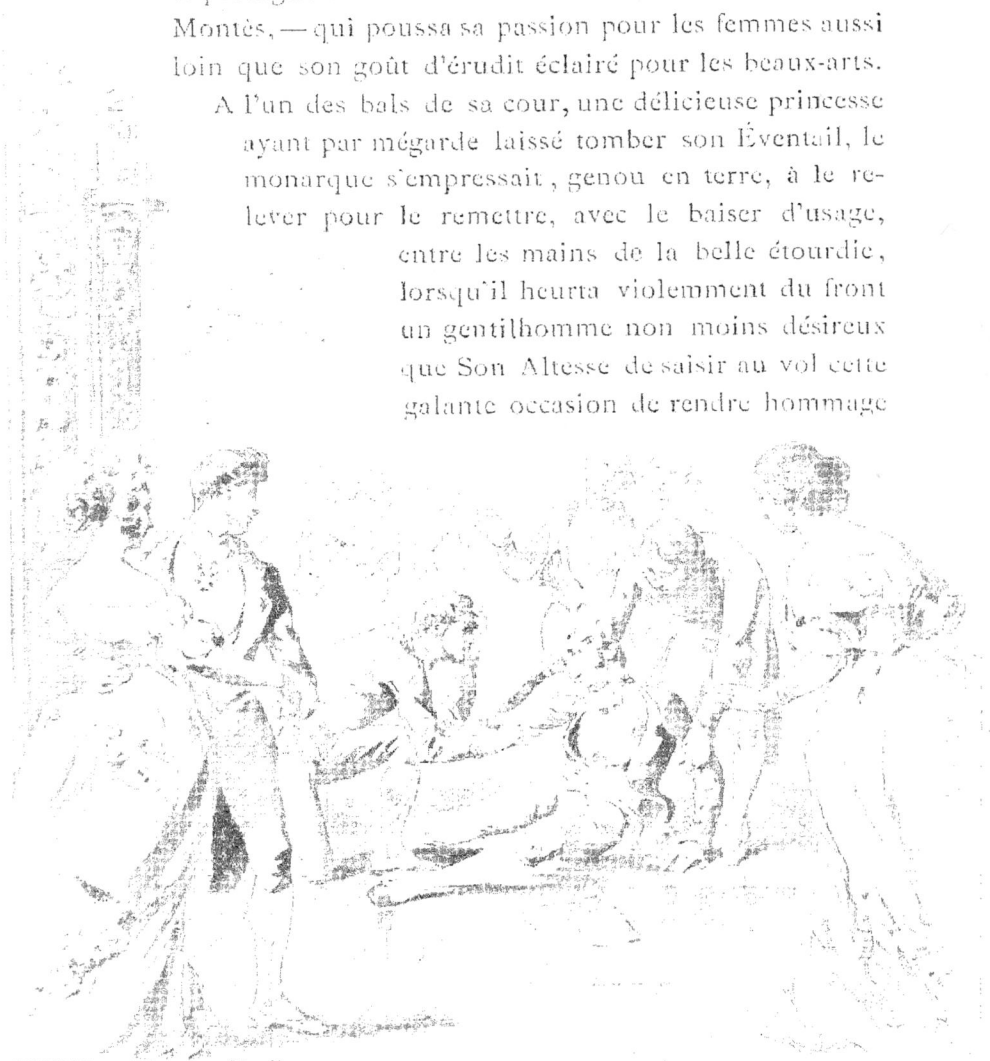

à la beauté. Le choc fut si rude, si inattendu, si brutal que le roi Louis, étourdi sur le moment, ne tarda pas à voir croître sur son front cette loupe énorme, disgracieuse et célèbre que nous avons pu voir encore à Nice, vers 1869, lorsque le corps de l'ex-roi y fut exposé dans une chapelle ardente où veillaient, comme des géants en uniforme, deux superbes gardes du corps bavarois.

Aujourd'hui, partout ou se meut et règne une jolie femme, l'Éventail apparaît avec ses enchantements, ses sourires, sa coquetterie exquise; il apparaît muni de toutes les ressources, de toutes les variétés de l'art moderne, et aussi de toute la science décorative que nous apprenons chaque jour davantage à puiser dans les dispositions merveilleuses du japonisme et des chinoiseries. Dans les mois d'été, au concert, sur les boulevards, devant les cafés où se presse la foule altérée, en wagon, sur les plages, sur les pelouses des châteaux, pendant les parties de *lown-tennis* ou de crocket, l'Éventail pointe sa note gaie et son tatouage de couleurs brillantes. Son mouvement de va-et-vient semble jeter dans l'air de suaves émanations féminines qui montent au cerveau des sensitifs, et lorsqu'on le retrouve dans les tête-à-tête de l'hiver, au milieu de la tiède atmosphère des salons, palpitant dans la causerie sur les fossettes rieuses d'un joli visage, il possède un charme ensorcelant, comme

une puissance d'attraction, vers la charmante créature qui le manie si délicatement et qu'il semble protéger railleusement, comme s'il suffisait de le ployer tout à coup avec une dignité froide pour imposer le respect au plus téméraire.

Grâce à l'intelligente initiative des Desrochers, des Alexandre, des Duvelleroy, presque tous les grands artistes de ce siècle ont concouru par des compositions à la gouache ou à l'aquarelle à la décoration d'Éventails hors ligne. — Ingres, Horace Vernet, Léon Cogniet, Célestin Nanteuil, Eugène Lamy, Rosa Bonheur, Édouard de Beaumont, H. Baron, Gérome, Vidal, Robert-Fleury, Antigna, Blanchard, Gendron, Français, Wattier, Vibert, Leloir, Madeleine Lemaire, Hamon, etc., ont signé de petits et de grands chefs-d'œuvre, et les éventaillistes modernes ne s'arrêteront pas dans cette ère de rénovation du grand Éventail d'art.

Nous voici au bout de notre ouvrage, tout étonné de le voir achevé sitôt, et semblant constater vis-à-vis de notre lectrice, avec un soupir de regret, combien le temps nous parut court dans ces discours à bâtons rompus sur le sceptre féminin. Nous avons été de ci de là, sans grande méthode, plutôt en causeur qu'en écrivain minutieux. Autour de l'Éventail, ce papillon de la femme, qui caresse son visage, enveloppe son

sourire et son regard, autour de cet inconstant hochet de l'inconstance, nous ne pouvions conserver la gravité d'un savant qui argumente sur un vase étrusque ou sur un tumulus antique. Aussi avons-nous *papillonné* de notre mieux à travers l'histoire, ne nous fixant nulle part pour mieux nous poser partout.

L'auteur a-t-il nonobstant réussi à faire œuvre qui vaille, ou bien l'*Éventail* est-il tombé des mains des belles assoupies par l'ennui seul de sa soporifique lecture ?

L'intérêt, il faut l'avouer, n'a de gradation réelle et accusée que dans le roman ou le drame; toute dissertation, si légèrement traitée fût-elle, a besoin d'être relevée des piments de l'anecdote, du ragoût des jeux de mots, des douceurs du madrigal ou des pointes de l'épigramme, pour se maintenir au même degré de curiosité. Il manque en outre toujours quelque chose à ces sortes d'ouvrages, ce rien indéfinissable que le gourmet de lettres découvre, une certaine liaison, un doigt de cordial réconfortant ou une pincée d'épices qui saupoudre le tout; encore faut-il que ce tout soit jeté dans un moule personnel et agréable.

Saurons-nous jamais si, dans ce petit livre, nous sommes arrivé à cet *à peu près* qui est le *satisfecit* de tout écrivain primesautier qui ne

saurait prétendre à une perfection absolue trop souvent exilée de ce monde?

De grâce, étendez l'envergure de votre Éventail, aimable et coquette lectrice, et derrière ce discret paravent, sans minauderie ni détours, confiez bien bas à l'auteur ce que vous pensez de son bavardage.

Hélas! *juste ciel!* Madame, ne sommeillez-vous point, et *l'Éventail* n'est-il pas à terre, à deux pas de votre causeuse et loin de vos jolis yeux demi-clos?

FIN

Appendice

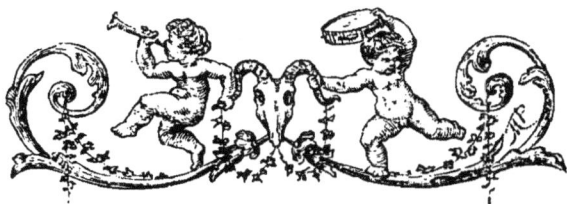

APPENDICE

S I l'auteur de ce livre sur *l'Éventail* pouvait en faire l'historique au lecteur, depuis le germe de l'idée première, la période d'incubation et les tracas d'exécution matérielle jusqu'aux nombreuses difficultés d'un thème littéraire à développer graduellement, sans tomber, d'une part, dans l'excès d'une érudition d'archéologue et la sécheresse des détails techniques, et sans glisser, d'autre part, sur le terrain agréable d'une extrême fantaisie, on conviendrait qu'il était malaisé de demeurer plus strictement dans le juste milieu voulu, dans ces régions tempérées de *l'Utile Dulci* où se complaît à bon droit le public de notre époque.

Que l'on conçoive un instant la somme de lectures que comporte un tel ouvrage, le nombre

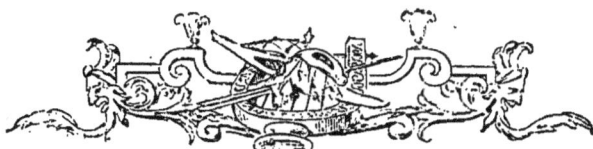

invraisemblable de littératures diverses inven-
toriées, de romans feuilletés, d'historiens con-
sultés, d'anecdotiers entr'ouverts, de poètes mis
à contribution, de recueils bibliographiques et
de miscellanées parcourus, de monographies
du costume étudiées, de rapports artistiques ou
industriels analysés, de pièces de théâtre rapi-
dement entrevues, d'épistoliers et de polygra-
phes en un mot avidement dévorés, toute cette
bibliothèque renversée, toute cette surabondance
de documents amassés, toute cette jonglerie
d'in-folio et d'in-douze pour aboutir à cette lé-
gère dissertation littéraire, à cette quintessence
historique et anecdotique sortie de l'alambic des
recherches, et on aura, en quelque sorte, une
image analogue à celle que peut inspirer une
coquette mosaïque agréablement disposée et
dont toutes les menues pierres proviennent d'é-
normes blocs que la mine seule a fait jaillir des
carrières, et qu'il a fallu tailler et polir pour le
plaisir des yeux, comme eût dit le bon Fénelon.

Qu'on ajoute à ceci, pour ceux qui connais-
sent l'art du livre et les labeurs de sa confection,
l'obligation qu'avait l'auteur, dans cet ouvrage
tout de repérage, de repérer son esprit dans les
enjolivements gracieux des marges, la com-
pression de toute fantaisie de style dans un cadre
inexorable de croquis mis sur cuivre et par con-
séquent non mobiles, la nécessité enfin de s'é-

quilibrer et de prendre son élan pour traverser bien à propos de son texte l'esprit des gravures, semées sur la piste de ce livre, comme une écuyère qui crève avec une aisance apparente des cerceaux de papier. Que l'on mette aux prises la conscience du littérateur et de l'érudit avec l'amour-propre du bibliophile et de l'artiste, et l'on demeurera convaincu que cette histoire anecdotique et littéraire de l'*Éventail* ne pouvait être mieux traitée dans ce domaine d'une littérature qu'on pourrait nommer *centre gauche,* car elle ne procède entièrement ni des extravagances de l'imagination abandonnée à elle-même, ni des froides dissertations d'une érudition hérissée de notes, de notules, de réfutations et de dates, c'est-à-dire des boursouflures de la pédanterie.

Mais si, au cours de ce volume, nous avons fait grâce au lecteur des références d'usage pour les érudits, nous ne devons pas porter trop loin notre esprit d'indépendance et il est de notre devoir d'indiquer ici nos *sources,* sous forme de *pièces justificatives,* ne serait-ce que pour nous cuirasser contre l'esprit de médisance toujours aux aguets.

Nous rendons tout d'abord hommage à deux de nos plus remarquables prédécesseurs, dont les sérieux travaux, conçus dans un esprit plus descriptif et moins fantaisiste que celui qui nous

a guidé dans cet ouvrage, nous ont été d'une utilité incontestable, et auxquels nous avons eu quelquefois recours en les citant. Nous voulons parler en premier lieu de M. Natalis Rondot, membre du XXIXe jury à l'Exposition universelle de 1851, qui, en sa qualité de délégué de la chambre de commerce de Lyon, a fait un rapport de très haute valeur sur les *Objets de parure et de fantaisie,* parmi lesquels *l'Éventail (Travaux de la commission française sur l'industrie des nations, publiés par ordre de l'empereur* (t. VII, p. 60 à 79 du XXIXe jury). Paris, Imprimerie impériale, 1855. (1 vol. in-8°.)

En second lieu, nous devons signaler avec gratitude *l'Histoire des Éventails et les notices sur l'écaille la nacre et l'ivoire,* par M. S. Blondel. qui reprenant le résumé de M. Natalis Rondot, a trouvé matière à un fort estimable et ingénieux volume in-8 publié chez Renouard, en 1875, ouvrage où nous avons puisé certains renseignements utiles pour notre historique de l'Éventail jusqu'au XVIe siècle.

Ces publications récentes et très soignées s'occupent des Éventails au point de vue absolument technique et artistique, alors qu'ici nous abordons seulement la monographie de *l'Éventail* à travers les mœurs, l'histoire et les lettres; coup d'œil rapide, aperçu furtif sans autres prétentions, comme nous le faisons remarquer

dans notre avant-propos à ce livre, que de récréer et d'instruire quelques-unes de nos aimables contemporaines.

Il convient de citer aussi comme recueil hors pair un *manuscrit* qui est de la main de M. Noël, inspecteur de l'université, dont la vente fit sensation il y a quelques années en raison de la réunion piquante d'ouvrages érotiques qu'elle contenait. Ce manuscrit faisait partie d'une collection en une vingtaine de volumes, qui fut acquise par un libraire en 1879. Il est aujourd'hui dans la bibliothèque du baron P*** et renferme de nombreuses copies de petites pièces fugitives sur l'Éventail.

Donnons maintenant dans l'ordre — peut-être dira-t-on dans le désordre de nos notes? — la nomenclature froide des principaux ouvrages où nous avons trouvé un renseignement, une particularité, ne fût-ce qu'un mot sur le sujet que nous avons eu à traiter. Cette liste, pour longue qu'elle soit, n'est pas encore absolument complète.

Nougaret : *le Fond du sac.* — Galland : *Mille et une Nuits.* — Kalidasa : *Sakountala.* — Mary Summer : *Contes et légendes de l'Inde ancienne.* — *Histoire de Bouddha Sakya-Mouni.* — *Encyclopédie* : mot : ÉVENTAIL. — *Dictionnaire de la conversation* de Duckett. — Comte de Beauvoir : *Voyage autour du Monde.* — Achille Poussiel-

gue : *Voyage en Chine.* — J.-B. Wilkinson : *Manners and customs of the ancient Egyptians.* — *Sabine ou matinée d'une dame romaine à sa toilette à la fin du* 1er *siècle de* l'ère chrétienne, traduction de Boettiger. — Montfaucon : *Antiquité expliquée.* — Théophile Gautier : *Contes et Romans.* — *Le Roman de la Momie.* — Jules de Saint-Félix : *Cléopâtre.* — *Mémoires et Voyages du capitaine Basil Hall.* — *Lettres de Guez de Balzac.* — *Histoire de la ville de Khotan,* traduite des *Annales chinoises,* par Rémusat. — Li-Kiou : *Mémorial des rites.* — Winckelmann : *Description de pierres gravées du baron de Stosch.* — Perse : *Satires.* — Térence : *l'Eunuque.* — Ovide : *Amours.* — Piroli et Piranesi : *Antiquités d'Herculanum.* — *Gravures de Fischbein.* — Paciaudi : *Sntagm. de umbellœ gestatione.* — Passeri : *Picturæ in vasculis.* — *Lewis Nichols :* The *progress and public Processions of queen* Elizabeth. — Dezobry : *Rome au siècle d'Auguste:* — Paudrillart : *Histoire du luxe* (passim). — Anthony Rich : *Dictionnaire des antiquités romaines et grecques.* — René Ménard : *Vie privée des anciens.* — *Cérémonies et coutumes religieuses,* 1723. — Henri Estienne : *Deux dialogues du nouveau langage françois, italianizé et autrement déguizé,* 1578. — *Notice des émaux du Louvre.* Glossaire et répertoire, au mot: ESMOUCHOIR — *Nouvelle histoire de l'Abbaie*

royale et collégiale de Saint-Filibert et de la
ville de Tournus, par un chanoine de la même
abbaie (Pierre Juenin). — *Voyage littéraire de
deux religieux bénédictins de la congrégation
de Saint-Maur.* — Duranti : *De ritu ecclesias-
tico.* — Bona : *De rebus liturgicis.* — Marquis
de Laborde : *Glossaire du moyen âge.* — Estienne
Boileau : *Livre des mestiers.* — Fabri : *Diver-
sarum nationum ornatus.* — *Rabelais* (passim). —
Brantôme : *Mémoires et vie des dames galantes.*
— *Inventaire des meubles de Catherine de Médicis* (1589). — *Journal* et *Mémoires* de Pierre de
l'Estoile. — Agrippa d'Aubigné : *les Tragiques.*
— *L'Éventail satirique,* par le nouveau Théophile, réimprimé par Édouard Fournier dans
ses *Variétés* de la *Bibliothèque elzévirienne*
(t. VIII). — Fairholt : *Glossary of costumes in
England.* — *Lettres de Mme de Sévigné.* — *Recueil
de Sercy.* — Cotin : *Recueil des énigmes de c.
temps.* — *Métamorphoses françoises.* — Somaize :
Dictionnaire des précieuses. — Molière : *Œuvres.*
— Colletet : *Nouveau recueil des plus beaux
énigmes de ce temps.* — Tallemant des Réaux :
Anecdotes. — Mme de Motteville : *Mémoires.* —
Mlle de Montpensier : *Mémoires.* — Paul Lacroix :
XVIIe *siècle; Institutions, usages et costumes.* —
Remy Belleau : *Bergerie.* — M. de Montreuilt
Poésies diverses. — A. de La Chaux et Le
Blond : *Description des pierres gravées du cabie*

net du duc d'Orléans. — *Menagiana.* — M. de
Vallange: *l'Art de se garantir des incommodités
du chaud, selon les principes de la physique, de
la médecine et de l'économie.* — L. Simond :
Voyage d'Italie. — *Mercure de France : Éloge
historique de Bernard Picard* (décembre 1735).
—Mme de Genlis : *la Duchesse de La Vallière.*
— *Dictionnaire des étiquettes.* — D'Alembert:
Réexions et anecdotes sur la reine de Suède. —
Mercure de France; Pesselier: *Origine des Éventails* (1755). — *Paris Versailles et les Provin-
ces.* — Bachaumont : *Mémoires secrets.* —
M. Milon : *l'Éventail ou Zamis et Delphire,*
poème en quatre chants, 1780. — Caraccioli :
le *Livre des quatre couleurs.* — *L'Éventail,*
comédie italienne en trois actes, par M. Goldoni,
représentée aux Italiens en 1763. — *Essai historique et moral sur l'Éventail et les Nœuds,*
par un capucin, 1764. — *L'Éventails,* poème
traduit de l'anglais (de John Gay), par Coustard
de Massy (1768). — *La Feuille nécessaire con-
tenant divers détails sur les lettre les sciences
et les arts* (feuille du 21 mai 1759). — *Esprit des
journaux* (décembre 1780). — *Almanach littéraire,* 1790. — De Favre : *les Quatre heures
de la toilette des dames* (1779). — *Révéla-
tions indiscrètes du* XVIIIe *siècle* (1814). — *Mercure de France* (octobre 1759) : *Analyse* du
poème : *l'Éventail,* de Gay.—Rabener : *Œuvres:*

Des moyens de découvrir à des signes extériurs les sentiments secrets. — *Voyage dans le boudoir de Pauline,* par L. F. M. B. L. (an IX, chapitre XIII). *Spectateur d'Adisson.* — Duclos : *Mémoires secrets.* — Le Mierre : *Œuvres.* — Desprez : *l'Éventail,* chanson (frimaire an VI). — Lebrun : *l'Eventail de Carite.* — Mérard de Saint-Just : *Poésies.* — *L'Adolescence ou la boëte aux billets doux,* poème (d'Hyacinthe Gaston), chant II. *Ages de la femme.* — Paul Lacroix : XVIIIe *siècle : Institutions, usages et costumes.* — Balzac : *le Cousin Pons.* — *La Bacriade,* ou *la Guerre d'Alger,* poésie héroïcomique en cinq chants, par MM. *Barthélemy et Méry ;* Paris, Dupont, 1827, in-8º de 96 pages. — *L'Album,* journal des arts, des modes et des théâtres, 1821, t. II. — Charles Blanc : *l'Art dans la parure et dans le vêtement,* 1875. — Adolphe Jullien : *Histoire du costume au théâtre,* 1880, etc., etc.

Nous nous arrêtons dans cette nomenclature de bibliographie sommaire, car, depuis la Révolution jusqu'à nos jours, il nous faudrait un assez fort volume pour contenir la simple suite des ouvrages où il est fait mention de *l'Éventail.*—Résumons cependant les dernières pièces de théâtre ou de vers qui portent un titre analogue à notre sujet et qui ont été faites récemment.

L'Éventail, comédie par *Pagès de Noyez*, in-12. Paris, 1871. — *L'Éventail*, opéra-comique, par *Jules Barbier* et *Michel Carré*, musique de *Boulanger*, Paris, in-12, 1861. — *L'Éventail de Géraldine*, comédie-vaudeville, par C. Potier, Ernest Mouchelet et Edgar Chanu. Paris, 1859, in-8°, jouée au théâtre des Folies-Dramatiques. — *Coups d'éventail* (pensées détachées), par Mᵐᵉ *Claudia Bachi*, Paris, Ledoyen, 1856, in-32. — *Un coup d'Éventail*, comédie en un acte, par Charles Nuitter et Louis Dépret, jouée au *Gymnase* en 1869. — *L'Éventail brisé*, par Arsène Houssaye, 1875.

Si à cette liste déjà trop longue et rédigée en dehors des formules précises et exactes de la bibliographie, il nous fallait joindre les différentes *statistiques de l'industrie en France* et à Paris où il est longuement question de la fabrication des éventails, nous ne saurions plus nous arrêter dans des limites raisonnables.

Nous citerons cependant le curieux *Catalogue of the loan Exhibition of fans*, édité par Strangervays et Walden et qui résume la grande exposition d'Éventails qui eut lieu en mai 1870 au *South Kensington Museum*, de Londres, sur l'initiative de S. M. la reine Victoria.

Un article publié par *le Figaro* du 3 juillet 1870, sous le pseudonyme de *Montjoie*, nous

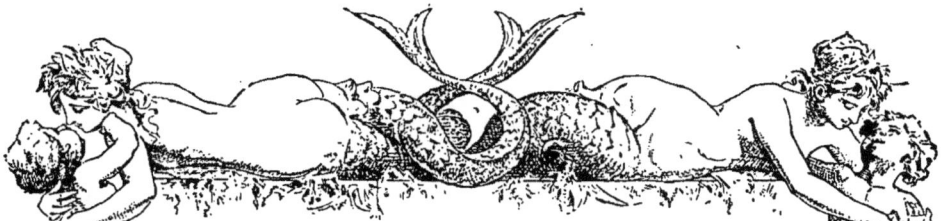

fournit sur cette exposition, qui contenait 413 modèles d'Éventails originaux hors ligne, les quelques renseignements suivants qu'il n'est pas sans intérêt de citer ici :

La comtesse de Paris a envoyé un très bel Éventail, peint par Eugène Lamy: une scène vénitienne. On voit aussi l'Éventail qui figurait dans la corbeille de la duchesse d'Orléans, peint par Gigoux et qui a été donné par le comte de Paris à la princesse Hélène, épouse du prince Christian. Cet Éventail se trouve, détail piquant, immédiatement proche de celui donné à la reine Victoria par l'empereur et l'impératrice des Français, en souvenir de sa visite à Versailles et à Saint-Cloud, en 1855. Au-dessous se trouvent l'Éventail de la reine des Belges, prêté par la reine Victoria, ainsi que celui de Marie-Antoinette, en vernis Martin. Viennent ensuite les Éventails de la princesse royale de Prusse, avec des vues de Berlin, Balmoral Windsor, Coblentz, Buckingham Palace, Babelsberg et Osborne, puis l'Éventail de Mme de Pompadour (?), prêté par M. Jubinal, dont les sujets sont assez légers; celui de Mme de Pourtalès, présent de S. M. l'impératrice, sujet genre Watteau; un bel Éventail en vernis Martin, la toilette de Vénus sous les traits de Mme de Montespan, Éventail historique, grâce à une lettre de Mme de Sévigné, qui le décrit; un Éventail appartenant à Mme de Nadaillac, peint par Gavarni, et un autre à la duchesse de Mouchy, peint par Mme de Nadaillac. Mme la vicomtesse Aguado, Mme de Saulcy, Mmes Bourbaki, d'Armaillé,

la comtesse Duchâtel, Furtado, Heine, de Roths-
child, du Sommerard, sont au nombre des expo-
santes. C'est M. du Sommerard qui a été désigné
par l'impératrice pour aider les Anglais dans cette
exposition.

Le *Catalogue of the loan Exhibition of fans*
contient une succincte introduction, six pages,
par M. Samuel Redgrave et en appendice le nom
des principaux riches amateurs qui ont contribué
à la variété et à l'intérêt de cette exposition. —
C'est là le Livre d'or des collectionneurs d'Éventails, parmi lesquels, disons-le, les dames, comme
il convient, sont en majorité.

Il nous reste à remercier un jeune amateur
d'art et un fin connaisseur, M. Germain Bapst,
qui a bien voulu mettre à notre disposition un
dossier de notes réunies dans le but d'un ouvrage
sur *les Éventails* et que notre rôle d'historien
littéraire et d'anecdotier ne nous a pas permis
de compulser, comme nous l'eussions fait davantage, si notre étude avait porté sur la monographie
descriptive et l'histoire générale des Éventails cé-
lèbres.

Nous devons rendre aussi hommage au savoir
et à la bonne grâce cordiale de nos confrères et
amis Paul Lacroix, Arsène Houssaye, Jules
Claretie, Edmond de Goncourt, Champfleury,
Charles Monselet, etc., qui, dans le charme et la
variété des conversations littéraires, nous ont

apporté un renseignement, une anecdote, un mot plaisant, ne fût-ce qu'un détail : toutes petites paillettes précieuses qui brillent comme un joli semis d'or sur les arabesques historiques de notre Éventail.

Nous regrettons en terminant de n'avoir pu trouver certaine *Bibliothèque des Éventails* qu'un bibliographe, évidemment fantaisiste, du XVIIIᵉ siècle prétend avoir rencontrée, dans l'*Armoire de Pauline*. Il y avait là, — qu'en faut-il croire ? — une collection de quelques petits volumes in-12 bien coquets, bien mignons, reliés en satin rose et parfumés avec les essences les plus exquises. Le texte, écrit en encre sympathique, exprimait les tendres épanchements des cœurs poétiques, et l'on y voyait Corydon enlevant à ce monde terrestre et nébuleux l'Éventail de sa chère Chloé ou de son Amaryllis, pour le suspendre au temple de l'Immortalité.

Puisse l'*Éventail* que voici suppléer à cette jolie bibliothèque ! Puisse-t-il également rester attaché quelque temps au temple du Goût et recueillir les hommages féminins, les seuls qu'il convoite !

ACHEVÉ D'IMPRIMER

SUR LES PRESSES TYPOGRAPHIQUES ET EN TAILLE-DOUCE

de

A. QUANTIN

Imprimeur-Éditeur

——

CE PREMIER DÉCEMBRE

M DCCC LXXXI

www.ingramcontent.com/pod-product-compliance
Lightning Source LLC
Chambersburg PA
CBHW051714090426
42738CB00010B/1913